JN015216

# ワクワクしないとつまらない

## ——現場発 教育のヒント集——

力久晃一
KOICHI RIKIHISA

幻冬舎MC

# ワクワクしないとつまらない　～現場発　教育のヒント集～

# はじめに――一公立中学校教員の挑戦

公立中学校の一数学教師である私が本を出そうと思い立ち、今回の出版に至ったのには、いくつかの理由ときっかけがある。まずは〝**ワクワク感**〟である。自分が生徒の立場だったら、自分の担任、あるいは教えてもらった先生の本が書店に並んでいるとテンションが上がる。人生はワクワクしないとつまらない、これは私の座右の銘である。私は学習指導術の一つとして、授業でよく歌を歌ったり、ダンスを踊ったりするが、そうする理由も生徒とともに〝ワクワクして楽しみたい〟という一言に尽きる。

中学校1年の数学の教科書に紙コプターという題材があった。その授業をしたときに生徒がとてもいきいきしていた。「将来、君たちがノーベル賞などを取れば、君たちはインタビューされるだろう。その時はこの授業がきっかけで学ぶことが楽しくなったと答えてほしい。そしたら『ガイアの夜明け』や『プロフェッショナル　仕事の流儀』で私がインタビューされるかもしれない。そしたら、『**紙コプターと私**』みたいな題で本でも出すかな」と言ったところ、「めっちゃいい！」と生徒がかなり乗ってきた。そのあたりから、本を出すことを考え始めた。しかし、「**一中学教員の夢**」として何となく思い浮かべたものが、ここまでの企画になるとは予想しなかった。

「たかだか30代の若僧が本を出す？　内容が薄いに決まっているじゃないか」。そう言われても仕方ない。定年間近の人からすれば、私はその人の半分しか生きていないのだから。

　しかし、現在の教育現場の声を届けたい。いずれ団塊ジュニアの世代（1971〜1974年生まれ世代）も抜け、今の20代や30代がほどなく教師の中心世代になってくるのが私がいる教育の現場である。コンピュータやSNSなどの情報通信の発達により、今の社会では、それまでの常識は通用しなくなってきている。教育現場もその例外ではない。そこには弊害もあるが、今まで無理だと思われていたことが可能になったのも事実だ。私の場合、現場での試行錯誤とともにツイッターで「**#数楽すごろくの実践　#あなたのいいねが本になる　#現場の本音を届けたい**」ということをテーマに取り組み続けた結果がまさにこの本だと思っている。

　ともかく、現在の中学校で実際に起こっている事象や生徒の本音を世に出すことで、生徒と教員、教員と世間の意識の乖離を少しでもなくしていきたい。その思いから生まれたのが本書である。未来ある子どもたちのために、その子どもたちを育てる教員がいきいきと働けるために、学級経営や授業がうまくいかず悩んでいる人のために、少しでも力になれれば幸いである。

# 目次

はじめに――一公立中学校教員の挑戦……3

## 〔第1部〕現場発 教育に迷ったときの〝お役立ちヒント集〟……9

〔第2部〕 数学がスイスイすすむ〝数楽すごろく〟のすすめ……………101

［第1部］

# 現場発　教育に迷ったときの“お役立ちヒント集”

## ●動かないものを動かす視点

変化の激しい今の世の中で一番大切にしなければならないもの、それは**クリエイティブな視点**である。簡単に言うと「動かないものを動かす視点」である。例えば、階段を動かすことでエスカレーターが生み出され、会話の形を動かそうとして電話やスカイプが作られ、職場を動かすことでテレワークが生まれてきた。体力を減らさず（歩かず）に遠い距離まで移動したいという欲求が自動車や電車、飛行機を生んだ。様々な今まで動かないと考えられていたものが動いてきての今がある。これらはすべて人間の「こうしたい！」「こうありたい！」という欲求から生まれたものだ。誰かがそう思ったから形となった。

最近、私は生徒と話すときに「**人が空を飛ぶためには？**」と聞いている。というのも、私はきっと人はもっと身軽に空を飛ぶことができると思うから。なぜか？　飛べないと考えられる条件を一つ一つクリアしていけば良いからだ。埼玉県越谷市に床から風が出てきて10メートルくらいの高さまで飛べるインドアスカイダイビングの施設がある。これは、人が上空から落下するときに受ける風よりもずっと強い風を下から当てれば飛べるハズという逆転の発想から生まれたものである。まさにスピッツの「空も飛べるはず」を思い出した。

まだまだ特定条件下での話だが、先の施設の例は人が飛べるということに視点を置いて見たときの一つの成功例だと思う。そもそも私が「空を飛ぶこと」を意識するようになったきっかけは、筒の中に入れた磁石だった。磁石は同じ極を向かい合わせると反発する。筒の中に入れた磁石は下の磁石と反発して浮いている。これが応用できればある一定の条件で空中散歩（ドラえもんが数センチ宙に浮いている程度かもしれない）ができるかもしれない。できないと決め付けるよりもどうやったらできるようになるかを考えていく、そんな人が多く育ってほしい。

その一方で、なかなか動かないものと実感しているものに学校のシステムがある。動いているのかもしれないが、変化は微々たるものである。例えば、**校則**。校則は生徒指導部が主に決めており、最近の生徒の間では不満の声が多い。そこで生徒指導主任の私は一番不満の多い「髪型」について変更しようと提案した。染髪、脱色は目に見えて分かるので不満の声はないが、ツーブロックやストレートパーマなどについては教員にも生徒にも受け止め方に差がある。というのも、教員によってツーブロックとスポーツ刈りのとらえ方が明確に違うからだ。スポーツを長年やっていると、なんとなくだがスポーツ刈りについてのイメージがある。しかし、スポーツをやっていない人からすると、もみあげの部分が刈り上がっているだけでツーブロックと判断される。そこで、教員が判断できないそんなことを校則にするのはやめようと言うのだが、この件ですらなかなか動かないのだ。

生徒に一定のルールを与えるのも教育としては必要だが、会社勤めの人の間でもツーブロックは少なくない。まあ刈り上げの一種だから、さわやかには見える。もじゃもじゃ頭の社会人よりははるかに好印象を持たれると思う。しかし、学校は違う。教員の感覚と生徒の感覚がズレていると、生徒が必ず指導されてしまう。それは教員が常に正しいという〝動かない〟固定観念があるからである。この固定観念を変えていかなければならない。東京の世田谷区立桜丘中学校には、校則はない。最初にこの学校の記事を読んだときは「そんな無茶な」と思ってしまったが、ある意味時代の最先端を走っていると感じる。学校も変革の時なのかもしれない。最初に校則廃止を導入した学校は世間から叩かれても、子どもたちのために学校があるのだから、時代に合わせて変わっていければ良いと思う。

次に動かすものは何だ？ それは時代だ。誰が動かすか？ そう、これは私やあなた自身だ。ＡＩにはできない、人間にしかできない価値を創造すること、どうなりたいか、どうしたいかということを重視してワクワクできる世の中を自分自身で作っていく必要がある。「為せば成る、為さねば成らぬ何事も。成らぬは人の為さぬなりけり」――次の時代をクリエイトしていこう。

## ●塾に行くその前に

中学生になるとクラスのほとんどの生徒が塾に行く。今や、塾は小学校から通い始めるのが主流になりつつあるのかもしれない。**「どうして行くの？」**と生徒に聞くと、「学校の勉強（授業）についていくため」「良い学校に進学するため」「良い職業に就くため」「親に行けって言われたから」など理由は様々だが、「勉強が楽しいから」と答える生徒はまずもっていない。

私のクラスにはかつてＮＢＡを目指すバスケ好きの生徒がいた。その生徒は部活動もバスケ部、クラブチームにも入り、ほとんどの話がバスケに関わることばかりであった。その生徒に「なんでクラブチームに入っているの？」と尋ねたとき、「バスケが楽しいから」と自信を持って答えていたのを今でも覚えている。彼がバスケを習う本質的な理由は、ＮＢＡ選手になるためではなく、またライバルに勝つためでもなく、〝バスケが楽しい〟ということなのである。

楽しい以外の目的で習う習い事はすべて受け身である。受け身だと力はつかない。ついても楽しくやっている人にはかなわない。好きこそものの上手なれである。きっかけは何にせよ塾に通っている生徒の現実は課題に追われる日々。やれ追試だのやれ補習だの、入塾前に思い描いていたのはこうじゃなかったと日毎に生気を失っている。典型的な例を挙げれば、彼らの多くは塾の課題を学校の先生に聞くまでして、塾の授業に何とか遅れまいとする。学校の教室ではいつも「はあ~今日も塾だ~」と嘆いている生徒が続出。月に数万円を払って嫌な思いをしているなどとは、行かせている親は露ほども知らない。そう考えると、親子共々とてもかわいそうである。

そんな生徒に私がよくかける言葉なのだが、「嫌なら辞めればいいじゃん。どうせ塾での勉強も消化不良に終わってるんだろう。塾の月謝は別の楽しいことに使って、メリハリのある生活にすればいいじゃん。塾に行っている時間に釣りをしたり、山菜を採ったり、料理をしたり、何かを作ったり、星の観察をしたり、何かの実験をしたり、いろんなことを経験することが大事だと思うんだけどな」なんて言うと、「親が行けって言うから」と多くの生徒が答える。**「君は親のおもちゃなの？　だったら何も言わないけどさ」**と言うと、生徒は少しふてくされてしまう。おそらくは、図星だったのだろう。

お金をかけなくてもやる気さえあれば、いくらでも方法はある。そのやる気を身につけさせるのが、学校や家庭の役割ではないだろうか。多くの選択肢を与え、生徒はそれを取捨選択し、成功や失敗から様々なことを学んでいく。時には時間がかかるものもあるだろう。時間をかけることも学びの中では大切である。試行錯誤し、「**どうやったらうまくいくかな？　次は成功させよう**」と工夫を重ねる人生は面白い。親によって敷かれたレールを進むのは楽だが、つまらない。一教師としては、そうした思いをこれからもストレートに伝え、生徒の目に活力を取り戻したい。

## ●消しゴムバトルから学んだこと

小学生、中学生の頃、休み時間によくしていた遊びに〝消しゴムバトル〟がある。経験がある人も多いのではないだろうか。消しゴムを弾き合って相手の消しゴムを机の上から落とした方が勝者となる、あの消しゴム落としゲームだ。ちなみに、私の相棒（＝消しゴム）の名は「まとまるくん」だった。

使うのは文房具店に売っている一般的な120円くらいの消しゴムである。そのため、ほとんどの生徒が同じような形の消しゴムで競うことになる。結果、勝率を上げるためには工夫が必要となる。例えば、指で弾く際の力の調節具合はどうだとか、戦い方も、消しゴムのカバーを外し、消しゴム本体に着いているさらさらの粉を利用して摩擦力を減らしスムーズに突進させる攻撃タイプ、逆にその粉を取り除いて滑りにくくした防御重視タイプなど様々あった。どうすれば勝てるという持論をみんなが持っており、私たちにとっての消しゴムバトルは**各自の理論を証明し、科学的論破を果たす対決の場**であった気がする。参考までに、その理論には消しゴムを打つ順

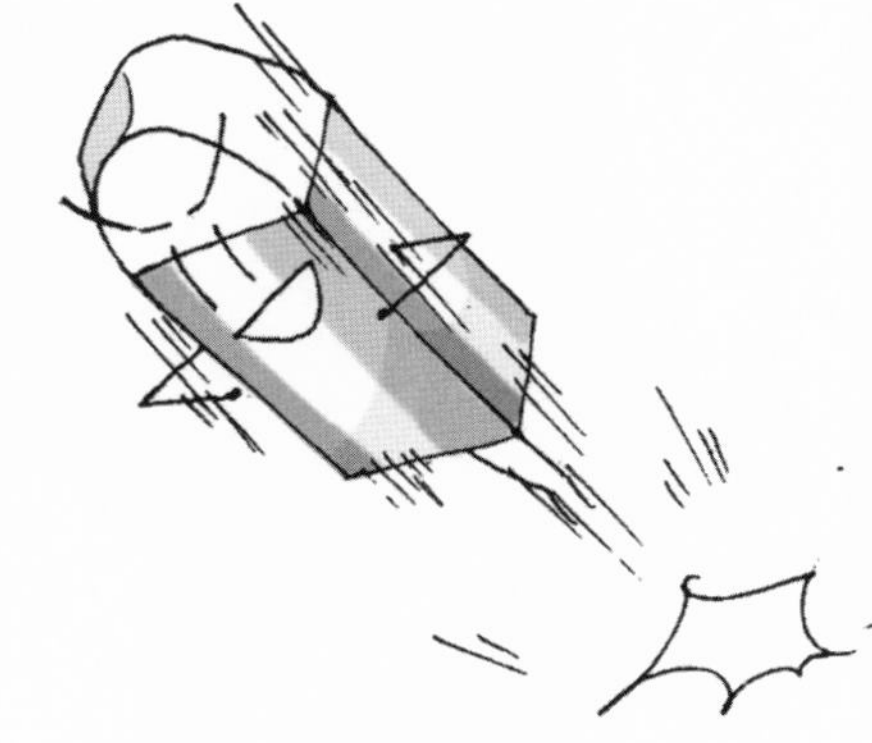

番がものをいうというのもあった（筆者自身、1回も打たずに床に沈められた経験が何回もある）。

あのバトルには勉強に役立つこともたくさんあった。物体の作用反作用や理科の入射角反射角なんていうものを感覚的に理解し、摩擦についても学べた。しかし、得られたものはそれだけではない。10分間の休み時間をいかに効率的かつ有効に使うかということについてもそうだ。そのために全員の席から等距離にある机を使ったり、何人も参加できるようにチーム戦にしたりもした。全員が平等にプレーできるよう、ルールはその場その場で考え出した。そうしたことを通して「**臨機応変力**」が鍛えられ、何かをやるときの計画性も養われたと今では思っている。女の子も一緒にプレーできるようにしたのも、流行した要因の一つだった。ただ、あえて自分が女の子の盾になり、「守ってあげたよ」と無言の自画自賛をした矢先、後ろから「そんなの関係ない」とその子の消しゴムが容赦ない攻撃……想いを伝えるのはなかなか難しいことをとても勉強になった。

そんなこんなで数多くのドラマを生み出した消しゴムバトルだが、最後に一つ。300円のデカ消しゴム（通常品の4倍近いサイズ）には手も足も出なかった。**デカさこそ正義**、資金力こそ最大の強みだということも子どもながらに学べることができた。あのデカ消しゴムが私の勝率をことごとく下げてくれた。まあ、それも工夫の一種とするならば、認めざるを得ない。そういう私は、そのデカ消しゴムに対し、角が欠けて丸くなった「まとまるくん」で挑み続けた。たまに勝てる喜び、それも学びの一つだった。

## ヒマさえ技術

出会いがあるということは必ず別れがある。「出会う」と「別れる」はセットである。どちらか片方だけなんて存在しない。これは学校でも同じことである。4月に生徒と出会い、3月に生徒と別れる。中学校現場だと3年間担任をして関わることもできるが、基本的にその生徒の教育に携われる機会は1年間のみである。1年の間にその生徒に何の力をつけることができたのか、教師である以上はそれをいつも自分に問いかけたい。

『幸せになる勇気』という本にあった「〝最良の別れ〟に向けた不断の努力を傾ける」という言葉に感銘を受けたが、**お互いが良い別れをするには、やはり良好な関係を築いていかなければならない**。教師が胸襟を開き、生徒と接することで生徒との距離は少しずつ近くなる。私の体験であるが、生徒との距離を近づけるポイントを紹介したい。

それは、**〝休み時間に「ヒマだ」とつぶやく〟**ということである。

休み時間に教室で「ああ、ヒマだ」とつぶやくだけで良い。もちろん今の教師にヒマというセリフは最も縁遠い言葉であることは認める。あえて言うならば、「**ヒマを演じる**」のである。ヒマだとつぶやくだけで、生徒は寄ってくる。生徒が寄ってくると会話が弾む。他愛もない会話を重ね、そうして信頼関係ができてこそ、真剣な悩みを相談できる。面談や家庭訪問をやるときに最大限の効果を発揮するのが、日ごろの雑談であろう。やはり生徒も教師が暇でないことくらいニュースや新聞から情報を得て知っている。そんな中、暇そうにしている教師が学校に一人でもいれば、生徒は、「**あの先生だったら、話を聞いてくれるかな**」と心を開きやすくなる。

ヒマさえ技術とするのである。授業、給食、清掃、部活動など、教師には指導力を求められる場面が多々あるが、生徒の「学校を楽しみたい」という思いをもっと汲み取って、ゆとりある日々を過ごしたい。

# ●ワクワクしないとつまらない

今、あなたはワクワクしているだろうか？　私は毎日がワクワクである。この本を出すことも「自分の担任が書いた本がTSUTAYAに並んだらめっちゃ面白いやん」と考えたからであるし、〝数楽（すうがく）すごろく〟や〝数学ダンス〟を思いついたのも「遊びや体育が好きな子ならそんな勉強の仕方もあるんじゃない？　もっと楽しみながら数学を勉強してもらいたいな」と考えたからである。

人は何か新しいことに挑戦すると、いきいきしてくる。初めて自転車に乗ろうとしたとき、初めて料理を作ったとき、初めて飛行機に乗ったとき、いろんな初めてが私の生活に刺激を与えた。もちろん、初めてのことであるがゆえに失敗も多かったが、その失敗からもいろんなことを学んできた。

私が最近挑戦していること、それはツイッターである。きっかけはある本との出合いだった。昔から本は読むのだが、この本は本屋や図書館で見つけたものではない。私の勤めている学校では、巡回図書（図書委員がクラスのために本を紹介するコーナー）というシステムがあり、その中から1冊手に取ってみたのがその本との出合いだ。

手に取ったのは『お任せ！　数学屋さん』という本である。主人公に惹きつけられた私はすぐに読み終え、著者名を見ると、著者の向井湘吾さんはなんと自分と同じ年であることに気づく。本というのはもっと年

上の人が出すもの（ちなみに、私が大好きなのは40歳近く年上の北方謙三さんが著した大水滸伝シリーズ）だと、勝手に偏見を持っていたのでとても意外だった。

何とか向井さんと連絡が取りたいと思い、インターネットでその名前を検索すると、同氏がツイッターをやっていることが判明。しかし、私はツイッターをやっていなかったため、ツイッターとは何ぞやという、その初歩的な情報集めから始めることになった。いろいろと調べ、ツイッターのアカウントを作り（アカウント名は、名字からとった「リキ」と最近ハマってしまった心理学者アドラーの「ラー」を合わせて「リキラー」と名付けた）、記念すべきツイッターデビューを果たした。

しかし、デビューしたのは良かったが、その使い方が私にはよく分からず、フォロワー数は待てど暮らせどゼロのまま。それでも向井さんをフォローすることはできた。始めた当初は本当に不慣れと言うほかなく、このSNSを使って新たな情報集めや情報交換を積極的にしようと思っているのに、DM（ダイレクトメール）は相手からフォローされないとできない設定になっていたりもした。

そんなこんなで、私の当面の目標はとりあえず向井さんとDMのやりとりができるようになることだった。ただ、そんな状況でも、続けていくうちにフォロワー数が500（2020年5月15日現在、約3200）を超えた。そしてある時、何と向井さんからフォローされていることを発見！　あの瞬間は今でも忘れられない。何か、少しだけ認められた気がした。

目下、私にとっての次のワクワクも現在進行中である。一度しかない人生。あの時が一番良かったと過去を振り返るばかりの人生にはしたくない。しかし、学生時代が良かったと思っている大人がなんと多いことか。**少なくとも私は今が一番楽しいし、これから先、どんどんワクワクするだろう。**

会社でも学校でも、何かこうと思うことがあれば、どんどん企画を出せばいい。私なんて10個の企画を出して、採用されそうになるのは1個あるかないかだ。しかし、企画を立てたり発表する過程でいろんな意見を聞ける。そうした他者の意見は有意義だ。だから、自分が出した企画が何度ボツになっても卑下することなく、**「今に見ていろ、いずれこの企画を通してやる」**と虎視眈々（こしたんたん）と狙っている。前例がないと言われたのなら、自分が前例になればよい。たとえ、それが茨の道だったとしても、冒険心を忘れない大人になりたい。**群れの先頭に立たなければ、見える景色はいつも同じだ。**

それに、大人がワクワクしていないで、その背中を見て育つ子どもがワクワクできるなんてことは、そうそうないと考える。

# ●なぜ給食の飲み物は牛乳なんですか？

「なぜ給食の飲み物は牛乳なんですか？」

そう聞いてきた生徒はこれまで何人もいる。私自身、小学生や中学生の頃からずっと牛乳だったため、何の疑問も持たずに過ごしてきた。

牛乳の提供が始まったきっかけは、終戦直後の食糧難で低栄養の状態にあった児童に対し、アメリカなどの寄付により脱脂粉乳が提供されるようになったことである。その当時、脱脂粉乳から得られる栄養はとても貴重だっただろう。時代が今になっても、たんぱく質が不足しがちな食事をとっている子どもたちにとって、アミノ酸スコアの数値が高い牛乳から得られる栄養効果はとても大きいと言える。

乳製品を1日に3回とって運動をしていれば骨密度が増すという研究データもある。しかし、昔に比べて今の子どもはアレルギーを持っている率が高い。牛乳以外の製品からたんぱく質をとることも考えなければならない。

ただ、そんなことを子どもと話していても何も盛り上がらない。子どもは単に牛乳は給食に合わないと感じているだけなのだ。家では飲むけれど、学校では飲まないという生徒もいる。なんという贅沢（ぜいたく）な考えだ。

ともあれ、そんなこんなで冒頭に紹介した生徒の質問に「お茶より安いからだよ」なんていつものように答えていたら、はっと思わせることをつぶやく生徒がいた。「牛がかわいそう」と言うのである。牛は人間に飲ませるために牛乳を出しているのではないというのだ。

確かに酪農業を営んでいる人からすれば、牛乳は人間に飲ませるためのものだ。しかし、それを市場に出し、多くの人間に飲ませるためにはかなりの量が必要である。最近では、乳牛にストレスを与えず、牛が自発的に搾乳に応じるような搾乳機（搾乳ロボット）まで開発・導入されており、その映像がテレビでも放送されていた。

人間が心地よく生きるために犠牲になっている牛の姿を見ると、今もその生徒の「牛がかわいそう」という言葉を思い出す。給食に合うか合わないかを論じた先に命の重みまで考えさせる、そんな話ができる教員になりたい。

## ●「悪魔の数字」と「正義の数字」

学校という教育現場には、いろいろな数字があふれている。

一般の方には少々耳慣れない言葉かと思うが、「悪魔の数字」「**悪魔の数字**」と「**正義の数字**」もその一つである。

「悪魔の数字」とは生徒のあらを探す数字であり、「正義の数字」とは生徒の良い部分に目を向けた数字である。問題なのは、生徒を見る際に「悪魔の数字」を基準にして見ている教員が多過ぎる、ということだ。

例えば、机にイスをしまわせる際のことを思い出してほしい。教員が生徒に「きちんと机にイスをしまいなさい」と指示を出して、40人中38人が指示通りにしまったとする。このとき、教員の多くは、38人ができていたことに目を向けるよりも2人ができなかったことに目を向ける。38人もできたということは、パーセントにすると95%で、かなりの達成率である。にもかかわらず、38人は褒められもせず、2人は怒られ、誰も良い気分にならないというものだ。いかに「悪魔の数字」のインパクトが強いか、お分かりいただけたのではないだろうか。

ことわざに「画竜点睛（がりょうてんせい）を欠く」というものがある。これは、「全体としてはよくできているが、肝心なところが欠けていることのたとえ」である。「悪魔の数字」に支配されている教員は、この言葉が大好きであり、人の失敗を「これでもか」というほど突いてくる。人として完璧を目指すのは別に構わない。だが、完璧を目指すあまり、教育における大切な視点を見失っている教員がなんと多いことか……。

私は、同じ労力をかけるのなら「正義の数字」に注目したい。そして、「正義の数字」というスケール（物差し）を使って生徒の良さを伸ばしたいと思う。ありがたいことに、このスケールが役立つのは生徒に対してのみではない。見方を変えれば、この**「正義の数字」は教師自身の指導に対する評価だ**とも受け取れる。これを自覚していれば、自分を見つめ、生徒の良さを見つめ、お互いが嫌な思いをせず、気分よく生活できるよう、従来の殻を破る努力を惜しまなくなるだろう。その意味においてもまずなすべきこと、それが「正義の数字」に目を向けることなのである。

よく見さえすれば、実は今も昔もこれからも、学校には「正義の数字」があふれている。その数字に気づくセンスを一教員として大切にし、さらに磨いていきたい。

## ●褒め言葉の5S＋2K――教員の口癖にしたいもの

「**すごいね**」「**素敵だね**」「**素晴らしいね**」「**さすがだね**」「**それでいい（それがいい）**」……この五つの言葉の頭文字をとったのが「5S（ファイブエス）」である。そして、「**かわいいね**」「**きれいだね**」……二つの言葉の頭文字をとったのが「2K」である。これは、私が結婚式を挙げたとき、当時の校長先生から頂いた言葉である。この言葉を大切にして幸せな家庭を築いてほしいという内容だったが、この「5S＋2K」は生徒に対してもきっと使えるハズである。

国立青少年教育振興機構が2018年に発表した「高校生の心と体の健康に関する意識調査報告書―日本・米国・中国・韓国の比較―」によると、「私は価値のある人間だと思う」という自己肯定的な項目に対して、「そうだ」「まあそうだ」と答えた日本の高校生の割合は2010年で36・1％、2017年で44・9％と改善傾向が見られるが、アメリカ、中国、韓国はいずれも約80％である。日本人の自尊感情が他の3国に比べて低い背景としては、日本では我慢や沈黙を美徳とし、それがゆえに生徒が褒められることが少なく、自信を持ちづらい世の中になっていることがあげられるであろう。

思うに、日本の教育においてはもっと個性を認め、褒めていく必要がある。この私も1日の中でどれだけの生徒を認め、褒められただろうか、と省みることがある。「褒めたら生徒は伸びない」という教員もいるが、本当にそうだろうか。確かに厳しいことを言われた方が伸びることもあるが、**最初から「褒めない」というスタンスでいると、褒めるべきときに褒めることができなくなるのではないだろうか**。自分の教育持論を生徒に押し付けるよりも、この調査結果をしっかりと受け止め、生徒の良さを認め、褒めてあげることが大切だと思う。

私が以前一緒に働いた同僚の中に「**すばらしいー！**」と「**ありえませーん！**」を口癖にしている教員がいた。この同僚は、生徒を評価する際、基本的にはこの二つの評価に沿って行っていたと言っても過言ではないだろう。そのことを私が生徒に伝えると、当時はへそを曲げる生徒もいたが、振り返ってみるとどれも良い思い出になっている。卒業を祝う会（三年生を送る会）などでは、その同僚の真似をする生徒が複数出るくらい、憎々しくも愛された口癖である。生徒にとっては、言われたことが些細なことでも、繰り返し同じ言葉で認め、評価されることで、ジャブとなって後々に効いてくる。教員の口癖は、生徒にとって多大な影響を及ぼすものだと考える。だからこそ、私は「**すごいね**」「**素敵だね**」「**素晴らしいね**」「**さすがだね**」「**かわいいね**」「**きれいだね**」という言葉でもって生徒を評価し続け、「**それでいい（それがいい）**」とその生徒の持っている良さを認められる教員でありたいと思う。

教員の言葉は、生徒にとって、良い意味でも悪い意味でも影響がある。教育を1年で考えるのではなく、人生という長いスパンで見て、その**生徒を一生支えるような言葉**を投げかけられたら、これほど幸せなことはないだろう。さて、あなたならどんな良い言葉を口癖にするのでしょうか？

## ●職員室はズルくていい

いつの時代も職員室は生徒から妬まれる存在である。私が小学生や中学生の頃、夏の暑い日に職員室の隙間から出てくるエアコンの冷たい風を少しでも浴びようと少しだけ扉を開け、職員室っていいなと何度思ったことか。**「先生たちだけズルい」**と言うと、必ず「君も先生になればいいじゃないか。先生たちも昔は我慢したんだ」と言われるだけ。エアコンだけならまだしも、先生たちの机の上にはお菓子や飲み物がいっぱいだ。学校ではお菓子やジュースは禁止じゃないのか？　中学で学習した治外法権だとも思った。

こんなことを考える生徒は今もいるのではないだろうか。

最近の職員室では、一昔前のように机上の書類が雪崩を起こし、他の先生に迷惑をかけるというようなことはほとんどない。皆の机の上はかなり整頓が行き届いている。お菓子もほとんど置かれていない。生徒への配慮から「お菓子のゴミは紙に包んで捨てましょう」といった決まり事まである。昔から感じていた「ズルい」が「ズルくない」ように少しずつなってきている。

文科省では小中学校へのスマホの持ち込み原則禁止の指針の見直しを始めた（2019年2月時点）。これも安全面など様々な理由は付けるものの、結局のところ「ズルい」と言われるのを回避するためかもしれない。地震が起きたら携帯電話なんて使えなくなるから、本当に安全面を考慮するなら、家族で万が・・・・

一の場合はこうしよう、避難場所はここにしようということを決める方が先だ。そのような段階を幾重も飛ばしてのスマホ持ち込み許可。ネットトラブル、ネットいじめが多発している中、かなりびっくりするような対応である。

エン・ジャパンの越智通勝さんは著書『仕事を大切に、転職は慎重に。』の中で、「真のプロフェッショナルは業界全体、いや社会全体のうえに自分の仕事が成り立っていることをよく理解し、自分の成果を社会に還元していく人のことだ」と述べている。スマホ持ち込みのメリット面だけを見るのではなく、もっと全体的な視座を持たなければならない。そこで文科省に言いたい。これは社会全体としてどうなのか。保護者の圧力に負けて、言いなりになっているだけではないだろうか。**文科省はもっと現場の意見に耳を傾けるべきである。**

何に対しても対応しようとすると、それによる弊害が出てくる。ちょっとぐらい「ズルい」と思われたって、生徒は「なにくそ」と思って頑張れたりもする。私がまだ幼かった頃、父親の夕食だけ一品（主に豆腐）多かった。ズルいと思ったものの、父親は自分たちのために頑張ってくれているからと言う母親の言葉にはとても説得力があったし、理解できた。職員室はズルいという意見に対して決まって交わす言葉がある。「先生たちだっておしゃれも我慢、16時45分の退勤時間になっても君たちのために働いている。だからちょっとぐらいズルくてもいいじゃないか」「だったら私たちも認めてくれたらいいのに」「それは無理。ワハハ」――そんなことを言い合える生徒との関係もきっと悪くない。

## ●黄金の3日間と最後のストレートを効かせるためのジャブ

この言葉を聞いて真っ先に思い浮かべるのはボクシング以外ないと思う。しかし、この言葉は、学校現場にも言えることである。

学校には**「黄金の3日間」**と呼ばれているものがある。教育関係者にはなじみある言葉であるが、黄金の3日間とは、4月、学級開き（入学式や始業式）から3日間の言わば教員と生徒の最初の出会いのことである。教員になって初めての年、この3日間を大切にしなさいと指導教員に言われ、あれやこれやといろいろ準備した。どうすれば、インパクトがある自己紹介になるか、間違っても事故紹介にならないように気をつけようとしたものだ。

まあこの3日間は、学校で働く教員なら最初が肝心として、とても意識してきた言葉であろう。しかし、この言葉はしょせん3日間である。学校は年間200日ほど授業日数があり、最後の200日目にどれだけの生徒を育てることができたかが大切である。3日間で燃え尽きてしまったら、マリオカートでいうスタートダッシュしかやっていない状況である。**「学校に入学してきた当初がどんな状態であっても、終わり（卒業の時）はきっちりと生徒の質をそろえなければならない」**と管理職にもよく言われた。まさにその通りである。

ボクシングで相手をノックアウトにするにはフックやアッパーなどいろいろな打ち方があるが、やはりストレートで勝ってほしい。適度な距離感から矢のように突き刺さる拳、どんなに劣勢でもその一突きがあれば、全部ＯＫと言いたくなる。しかし、いきなりストレートを打ってもなかなか相手は鎮まらない。やはりジャブやその他の攻撃の積み重ねである。

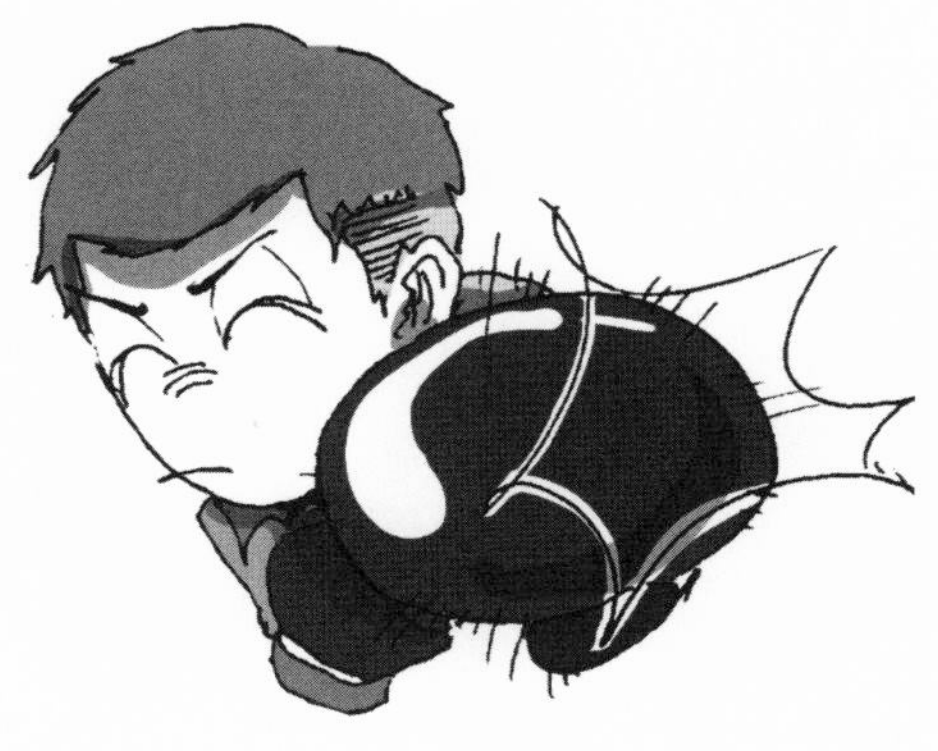

学校現場も35週ある。毎週少しずつジャブを与え、最後の週にズバッと一突きできればこんな気持ちいいことはない。**教員が繰り出すジャブとは、やはり話である。あるいは、語り**と言った方がより正確なのかもしれない。黄金の3日間で種をまき、35週、丁寧に水をやり、最後に花が開く。そのためにいろんな経験をしておくといい。

私はアームレスリングという競技をやっている。この競技で日本で食べていくことはまだまだ難しいと思う。したがって、このアームレスリングをやっている人は何らかの職業についている。その仲間の職業の紹介、自分の練習や大会の雰囲気、いろんな筋トレ方法（力をつけたい男子はいっぱいいる）、減量など語れることはいくらでもある。**教員の語りのネタは、学校以外で得られるものが多い**ことを忘れてはならない。

## ●進路指導＝進学指導？

中学校は進路指導をしなければならない。しかし、この進路指導とは進学指導ではない。しかし、学校現場の現状では進路指導＝進学指導となっているような気がしてならない。進路検討委員会では、第二希望の高校をきちんと確保できているかが毎回の話題に上がるし、進路の三者面談でもどの高校を受けるかが話の焦点となる。私は進路指導をする際に夢や目標を持ちなさいと口酸っぱく言っている。〇〇高校に行きたいという生徒がいたら、「その後はどうするの？」「その高校に行って何をするの？」「君が学ぶ目的は？」と様々な面から質問する。**なぜ学ぶのかが定まっている人間は強い。**しかしながら、そんな生徒はごくわずかである。「みんな行くから」「親が行けと言うから」「とりあえず」と理由は様々だが、芯の強さを感じることは少ない。

ただ、以前の私はと言うと、ただ進学指導をしていただけだった。面談になると、高校に行かせることばかり考え、その先の未来の指導まではできていなかったのだ。それが当たり前とすら思っていた。その価値観が変わったのは今から数年前のことである。

私が担任をした生徒の中にミュージカル女優にあこがれ、将来はそれを目指したいという生徒がいた。彼女の進路先は日本芸術高等学園だった。このときの面談は今でも覚えている。この学校は高等専修学

校（大学入学資格付与指定校）で、ここでは高卒者と同等以上の学力認定や大学入学資格は得られても、高校卒業資格は得られない。それでもこの学校に進学しますかと聞くと、間髪入れずに『そのことは知っています。それでもこの学校に進学したいです』と力強い反応が返ってきた。彼女にとって、履歴書に「〇〇高校卒」と書けるかどうかは、たいしたことではないということだ。なぜなら、もう夢が定まっていたから。

彼女はその学園に入学してからもミュージカルのオーディションを受け、審査に合格した際には観に来てほしいと何回か連絡があった。そのミュージカルを観たときに、彼女の演技や情熱、中学時代にはあまり見られなかったワクワク感をひしひしと肌で感じることができた。と同時に、それまでの私の進路指導は間違いで、私がやっていたのは進学指導だったことに気づかされた。今、彼女はその学園を卒業して、これからは専門学校で学ぶと久しぶりに会ったときに話してくれた。聞けば、夢の軌道変更はあったものの、学園での3年間はとても充実していたし、後悔はしていないとのことだった。その姿を見て、彼女の選択に任せて良かったなと心から思えた。

親や教員が子どもに未来を見つめさせないでどうする？　将来の不安ばかりをあおって高校・大学に行かせさえすれば安定ということはありえない。AIに仕事が奪われる可能性もあり、大手企業でもいつどうなるか分からない世の中だ。だからこそ、本当の意味での生きる力を身につけさせる、学ぶ目的を考えさせることが大切である。**意味や目的がないと、人は弱く、安易に進路変更をしてしまう現状がある。**

今、進学させることにのみ重きを置かない、本当の意味での進路指導ができている教員はどのくらいいるだろうか。少なくとも数年前の私は、進学指導しかできていなかったことを認める。進路決定の時期になると、誰よりも焦り、余裕がなかった。しかし今では、生徒の人生に寄り添い、人生請負人として、保護者とともに生徒のどうしたいかを最大限に引き出せる、そんな教員になりたいと心底思っている。どんとこい！　どんなことがあっても動じない山のようになる、1年だけでなく人生を請け負う——そんな覚悟を持っていきたい。

## ●ジャムの法則

選択肢が多過ぎて、決めきれないことが多くなることを「ジャムの法則」と言い、「決定回避の法則」として知られている。ジャムと名が付いた理由はこうだ。

「スーパーでジャムを並べた試食用テーブルを二つ用意した。片方には24種類、もう片方には6種類。最終的にジャムを買った人の割合は、前者が試食者の3％だったのに対して、後者は30％だった」（『選択の科学』シーナ・アイエンガー著、櫻井祐子訳）。

現在、学校では様々な教育法が議論を呼んでいる。私の学校でもユニバーサルデザイン（UD）やアクティブラーニング（AL）を取り入れているが、人によって捉え方は様々である。多くの学校は、この教育法が良いとなったら、今までの教育法を批判するかのように、すべて変更する傾向がある。いろんなものを変更すると何が子どもたちのためになっているのか分かりにくくなる。

選択肢が多いのも考えものである。教える側としては、それらが本当に生徒に力をつけられるものかどうかを検証し、エビデンス（科学的根拠）に基づいて適した方法を精選していかざるを得ないからである。現場の本音を代弁するなら、選択肢が多いのは食べ放題ぐらいでよい。教育には本当に意味のあるものを！ビルド&ビルドではなく、**スクラップ&ビルドをしていかなければならない。**

## ●良い職業、悪い職業って何？

学校では良い職業と悪い職業の洗脳が行われている。テレビに取り上げられるような職業を花形とし、高学歴でないと良い職業に就けないと吹き込んでいる。そんなことはないと思った人は、「夜の仕事を生徒に勧めることができるか？」と自問していただきたい。私は、勧めたことがあるし、その職業だって立派な職業だと思っている。それを勧められなければ、私は友人を裏切ることになる。

私の友人は、夜に出勤し、明け方に退勤する仕事をしている。一度、その働きっぷりを見せてもらったことがあるが、教員である私が生徒から情報を引き出すよりも簡単に、お客さんからいろんな情報を引き出すことができていた。しかも、お客さんも友人もどちらも笑顔だ。お金がかかっているから仕方ない？そうかもしれないが、お金のためだけの話術ではない。人を惹きつける話術は、教員として見習うべきものが多くあった。

職業の良し悪しは大人が勝手に判断しているだけで、昼の仕事が良くて、夜の仕事が悪いなんていうことはとても浅はかな考えである。昼の仕事にも夜の仕事にもメリット、デメリットが存在する。教員のデメリットと言えば、部活動に関わる問題や残業問題が多いが、私にとっては銀行に行きたいと思っても行けないことが多過ぎるという点が最大のデメリットである。今は、ネットバンキングで振り込もうと心がけているが、やはり銀行の窓口に行かないとダメな場合もある。「そんなのデメリットのうちに入らない」と言われても、これが私自身の本音である。そんな実態までしっかりと伝えることが望ましい職業観を育てることになると考える。

何についても直感でもって良し悪しを決めてしまえば簡単だが、それを真剣に判断するとなると、考えがまとまらず、がんじがらめの状態になることも多い。のび太にとって、ドラえもんが良くて、ジャイアンは悪なのであろうか？　放送時間が1回30分そこらのテレビ番組では、キャラが固定されているため、どうしてもジャイアンが悪者になるが、上映時間が2時間前後の映画の中では、ジャイアンはヒーローにもなり、時に涙を誘われる場面も多くある。ドラえもんにはドラえもんの良さが、ジャイアンにはジャイアンの良さがある。両者がいないとストーリーは成立しない。

実社会も同じだ。その職業がないと社会は成り立たない、もしくは問題が多く起こる。社会の役に立っている＝職業であり、職業であるならば、その対価が賃金として支払われる。そのことを生徒にもしっかりと伝えるべきだ。教師業しか知らない教師が多過ぎるために、今の生徒の考えは非常に狭いものとなっている。教師には、出張や座学の研修を課すのではなく、もっと教養を深めるために、いろいろなものを経験させる方が良い。教師が外に目を向け、いろいろなものの良い部分を見つけようとしたとき、きっと生徒も自信や夢を持って、自分を語れる人間になるのではないだろうか。少なくとも私は夢を語る大人になりたいし、教育者としてそんな人間を育てたい。

# ●受験期に学校を休む生徒の行く末

受験期になると、勉強をしたくて学校を休む生徒が数名いる。この生徒たちの言い分は「学校だと効率が悪い」とのことだ。入学試験に役に立つか分からない授業、給食や清掃、読書や休み時間、そんな時間があれば受験勉強がしたいと言っていた。その生徒の家にはその生徒を育てる教育理念があるだろうから、それはそれでいい。しかし、何のために勉強しているのだろうか。

学校は休み、塾は行く。それを他の生徒が知ったら普通に「ズルい」と思ってしまうのではないだろうか？「ズルいと思うなら君もそうすれば？」と言うと「あんな卑怯なことはしたくない」と言う。そんなことを言われる覚悟まで果たしてあるのだろうか。

受験が終わると何食わぬ顔で教室にいて、周囲の目線がいつもと違う、仲間外れにされているという訴えがごくたまにある。そういうときは普通な顔して言えばいい、「**あなたが招いた結果です**」と。それからどうしていきたいかを一緒に考えていけば良い。いきなり親身になって相談に乗っても、その生徒はきっと学ぶことはないだろう。私たち教員は、生徒に力をつけさせるのが仕事である。時には、失敗からも学ばせてあげなければならない。行動には責任が伴うことを身をもって体験した良い経験であると考えたい。

学校を休むという非日常の中で勝ち取った合格にどれだけの意味があるだろう？ 休まなくても合格で

きる人もいるはずである。そんな人たちとこれから3年間付き合っていくことを考えると、先が思いやられる。もちろん、塾は教えた生徒が合格して嬉しいし、良い宣伝になるかもしれない。学校も合格を喜んでくれるだろう。卒業したらそこまで密に過ごすことはないから、普通に祝福できる。しかし、友達はどうだろう？　多くは、これからずっと付き合っていくことになるのだ。「合格おめでとう。でも、休まなきゃもっとかっこよかったよ」とか、将来、大学受験や就職試験で合格や内定を勝ち取ったときも、「おめでとう。今回も休んだの？」とおめでとうの後にくる言葉、なんとなく後ろめたさが残ることまで覚悟しなければならない。

その生徒が将来リーダーになったとき、そのリーダーにあなたはついて行きたいと思うだろうか。**自分がついて行きたい、ともに歩んでいきたい、そんな生徒を育てるべきだ。**

親や教員（塾の先生も含めて）は、目先のことにとらわれることなく、もっと大きな視点でその生徒の人生を考えていかなければならない。私には大学在学中によく言われた言葉がある。『**英知を磨くは何のため　君よ　それを忘るるな。労苦と使命の中にのみ　人生の価値（たから）は生まれる**』、それが今になって身に染みて分かる。何のために学んでいるのかを常に考えさせ、酸いも甘いもいろんな経験をさせる中で自らの使命を持てる生徒を育てたい。

## ●将来の夢はYouTuber

生徒に将来の夢を聞くと、クラスの中で必ず出てくるのが、「YouTuber（ユーチューバー）」という答えである。一昔前に聞いたときは、何かのチューブでも作るのか、あまり聞かない職業だなと思ったものだが、今となっては多くの人が知っている。ヒカキンやマックスむらい、はじめしゃちょー、ぷろたんなど様々な有名なYouTuberがいる。

YouTuberという職業は、波に乗ると大いに稼ぐことができる。これも生徒がなりたい一つの理由だろう。ある日、YouTuberになりたいという生徒に聞いてみた。

私「YouTuberになって何かやりたいことや企画はあるの？」

生徒「ない。でもYouTuberになりたい」

元世界チャンピオンであり、YouTuberでもあるごうけつ氏（豪傑道場）と練習をする筆者（左）

正直、「おいおい」って言い返しそうになった。話にならない。YouTuberを愚弄するのもいい加減にしろと憤りを覚えたものだ。YouTuberとは、自分のやりたいことや企画があって、それを世の中に発信するという職業である。私はたまにYouTubeで「**ごうけつ**」というチャンネル（動画コーナー）を見るが、そこではアームレスリング世界チャンピオンであるごうけつ氏が同競技で強くなる方法、技、筋トレ方法などを発信している。これを視聴するたび再認識させられるが、YouTuberという職業は〝おおもと〟がゼロでは成り立たないのだ。伝えたいものが頭の中にあふれていて、発信したその企画が面白ければ、ファンを増やして何回も再生され、それが収入につながっていくのだ。生徒が目標としている著名ＹｏｕＴｕｂｅｒほど、目に見えない画面の向こうにいる人の表情を誰よりも考え、計算して発信している。何も考えていないのでは決してないのだ。

そういう原理を説明した上で、生徒に私は「ならば、まずはクラスの友達を笑わせてみた。そして「クラスの中で『あいつ面白いな』とならなければ、ＹｏｕＴｕｂｅｒになっても面白くはならない。少し変わったやつだなと思われるのでもいい、人と違う視点を持つことが大切だ」とも話した。それが伴わなければ、昨今問題のバイトテロのように、一過性の再生数を稼ぎたいがために違法行為を動画にして投稿するなど、悪い意味での炎上ＹｏｕＴｕｂｅｒになりかねないからだ。

将来の夢がＹｏｕＴｕｂｅｒというのも大いに結構。ただ、生徒に対して、それはあくまで手段にすぎないことを理解させ、本当にしたいのは何かを考えさせること、それが教師としての役割なのかもしれない。こうした職業を目指す生徒はこれからもきっと増えてくるだろう。そのときに、どんな声かけをするか、今のうちに考えておきたい。あなたならどんな声かけをしますか？

## ●合格指定券

私の学校では、3年生を対象に「**おはようスタディ**（通称：おはスタ）」「**未来へGOGOキャンペーン**（GOGOは5分間と5時間を指す。詳細は後の本文参照）」そして「**公立応援団**」という三つの取り組みを行った。

「**おはスタ**」は部活をやっていた朝の時間に教室に来て、勉強をするという取り組み。3学期には、別室で教員たちに勉強の質問ができる特典付きだ。朝早くから起きて勉強することで1日の生活のリズムが整うだけでなく、受験当日の頭の回転も良くなる。まあ、生徒たちは1学期の途中まで部活動で朝練をやっていたのだから、この時間をそのまま学習時間に移行しようという取り組みだ。私のクラスは最後の大会で引退した部活から「おはスタ」の参加を促した。早く呼びかけたこともあり、7割近くの生徒が参加していた。

「**未来へGOGOキャンペーン**」は、10分間の休み時間中に5分だけ勉強しよう、そしてこれらを重ねて1週間で5時間の学習時間の増加を目指そうという取り組みだ。この時期になると塾に行く生徒が増えたりして、ライバルとの差は思ったようには縮まらなくなる。この取り組みは、そうした状況も踏まえて始めたのだが、思った以上の副産物もあった。

教師心得
生徒指導（授業・行事）
校則
生徒の疑問
学習指導
進路指導
部活指導
学校給食
学校全般
保護者対応
労働環境 働き方改革
教育行政
その他 （読書の魅力）

それはすなわち、2学期になって受験生の多くが精神的に落ち着かなくなる中、精神的に安定した生活ができるようにするという受験対策において最も大事な土台作りが容易になったということである。もっとも、我々教師としては「休み時間も勉強してライバルに差をつけよう」「夏休み頑張れなかった分を取り戻そう」などとあれこれ理由をつけて、生徒を鼓舞し続ける必要はあるのだが……。ともかく、受験生が落ち着いて取り組めれば、学力の向上も期待できるし、何しろ学校内にある諸々のモノ（設備・備品）が壊れない（笑）。教員の余計な生徒への指導が極端に減り、その分、補習など空いた時間を積極的な生徒指導に当てることができるのだ。

私立の入試が終わり、私立が第一志望の生徒はホッと一息ついている2月。そんな一息さえも感じさせないように「公立応援団」というものを作った。公立応援団は、私立第一志望合格者が公立受検者の一人一人のレベルに合わせて、勉強を教えたり、面接練習を手伝ったりするものだ。3学期にもなると教員だけでは生徒の質問を時間的にさばききれない。そこで、私立組にも協力を要請し、「おはスタ」や昼休みに一緒に勉強をしたり、教えたり、面接官になってもらった。

そして、その公立応援団の取り組みの一環として、中学3年の2月には合格祈願として、手作りのお守りを渡したりする。今回、私立組がいろいろアイデアを出し合ってとても良いものができた。それが中学校から志望校への「**合格指定券**」である（次頁参照）。これを見たとき、私の口をついて出たのが「私にも記念にいただけますか?」という言葉だった。教師も思わず欲しくなる、手作り感満載のとても良いお守りに仕上がったと思う。裏には、四つ葉のクローバーの中に私立組の応援メッセージがびっしり（小さ過ぎてところどころ読めないが）と書かれている。

合格した後にも、誰かのために頑張れるってとても素晴らしいことだと思う。何かをやるとそれだけ大変になるが得るものも多い。これからもこの手作りのお守りを大切にしたい。

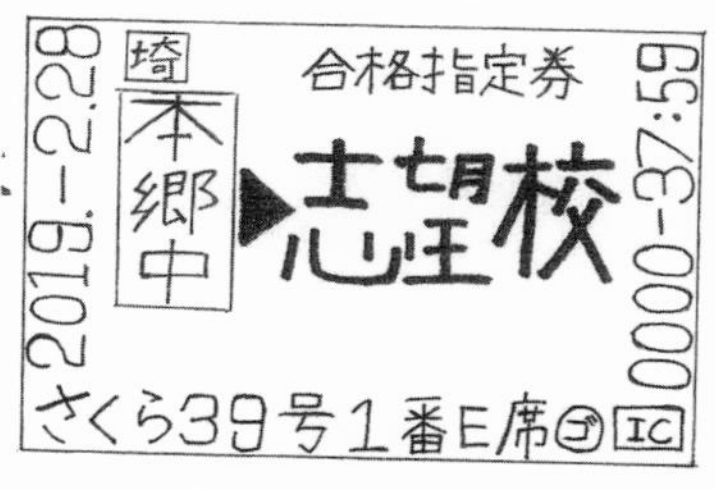


手作りの「合格指定券」。中に書かれている「2019.－2.28」は「公立高校の試験日」、「さくら 39 号」は「さくら咲く」、「1 番 E 席」は「一番良い席」、「ゴ」は「合格〇（マル）」、「37:59」は「みんな合格」である。「合格指定券」は「合格してぇ！」と指定席をかけている。

## ●白マスクと黒マスク

現在、学校では一年中マスクをしている生徒が何人かいる。「どうしていつでもマスクをしているのか」と問うたところ、「顔面恐怖症なんです。顔をさらすのが怖いんです」と返ってきたことがあった。なんと「醜形恐怖症」だからと言っているのだ。私が中学校の頃は、風邪をひいている生徒くらいしかマスクをしていなかったし、マスクは「私は咳（せき）や鼻水がひどいんです」「マスクをしないと日常生活が送れないくらいの健康状態なんです」というアピールだった。今のように使い捨てマスクではなく、綿のマスクだったから管理も面倒であった。

しかし、使い捨てマスクが普及し、花粉やウイルス対策でマスクをつける人がここ数年増加している。そう言えば、数年前に元ＡＫＢ48の板野友美の顔真似でブレークした女性タレントの〝ざわちん〟は、マスクで口元を隠しながらメイクの技を駆使していろいろな芸能人の顔真似をしていた。そのマスクには似ていない口元を隠す役割があったと聞くが、マスクには他にも小顔に見せる効果やかわいく見せる効果もあるらしい。仮にそうなら、マスク依存症と言われる人たちの中に、先に述べた顔面恐怖症（醜形恐怖症）というコンプレックスを持っている人がいても不思議ではない。

そうした時代の流れの中にあって、私は相変わらず風邪をひいたときにしかマスクをつけない。着用に積極的になれない理由は二つある。まずは、顔が大きいのでゴムひもに引っ張られて、耳の後ろが痛くなること。二つ目は、マスクを調整し過ぎて鼻に当たる部分がだんだんとけばけばしてきて、かゆくなるからである。

私の話はどうでもいいが、最近になって**「黒マスク」**が普及してきた。日々、街中を歩いていると、必ずと言っていいほど黒マスクをつけている人（今のところ若者が多い）に遭遇する。しかし、この黒マスクについては、現時点ではまだ学校には受け入れられていないと思う。

これについてツイッター上で意見を求めたことがある。結果は「白の方が安価に普及しているのに、あえて黒にする理由がない」「清潔感が感じられない」「威圧的な印象を与える」などの声が寄せられ、やはり日本ではなかなか受け入れられない諸要因があると気づかされた。そもそも値段に違いが生じるのは、デザイン面ばかりでなく素材や機能・効果の面で差があるからなのだが、プラスの部分には目を向けないで、見た目にこだわる日本人がなんと多いことか。その証拠に、一体どれだけの学校が黒マス

クを許可しているのだろう？（今は新型コロナウイルスの影響で黒マスクを許可している学校も多いと思うが……）

黒つながりで言うと、私が中学生の頃、くるぶしソックスや黒ソックスというものは校則で認められていなかった。理由は学校の制服に合わないからというものだった。しかし、今の学校ではくるぶしソックスも紺や黒のソックスもOKである。時代が受け入れたということであろうか。昔は不適当とされていた事柄が今は誰も疑問を抱かないすっかり普通のことになっている。ここから言えることは、**今の校則が10年後も正しいということではないし、時代に沿って校則は見直していくべきものである**ということだ。10年後、黒マスク姿は学校においても日常の光景になっているかもしれない。そもそも学力や体力をつけようとする際に、マスクの色なんてどうだっていい。

こうした議論に接する度に、昔の学校は時代の最先端だったが、今の学校は〝荒れ〟を恐れるガラパゴス、生きた化石となりつつあるんだなと思う。だからこそ、むしろ発明を取り入れて時代の最先端を行く学校を目指したい。こうあるべきだと理想論を押し付ける教育ではなく、周囲の人々と一緒に現在の姿を紐解いてみて考え、ベストな針路を選べる教員でありたい。

## ●髪型、髪の色、ファッション

生徒の髪型や髪の色、ピアスなどのファッションについては、学校の校則で定められているケースがほとんどである。私は、これを見直したい。これを見直すだけで教員の業務ははるかに減少する。なぜか？例えば、クラスの生徒が髪の色を染めてきたら、教員なら少なからず本人に注意したり、保護者に連絡したり、管理職に報告しなければならないからである。

ただ、個性の尊重が広まる中、髪の色だけはなかなか受け入れられていないという実状もある。私が以前、川越で担当したクラスにはハーフの女の子がいた。その子の髪の毛は金髪だった。その生徒以外が染めてきたら、学校は別室に通し、その生徒を指導し、家に帰し、保護者に連絡をしていた。しかし、生まれつき金髪の生徒はおとがめなしだ。それもそのはずである。生まれつき金髪なのに黒にして皆とそろえなさいという指導は、個性を認めないということ、差別になるからだ。その生徒は優秀だったが、いつも髪の色では目立っていた。生徒全員にいろんな髪型、髪の色を認めていれば、その生徒だけが目立つことはなくて済むのだ。

先日、とあるテレビ番組で日本の校則についてどう思うかを海外の人たちに聞いていた。海外の人たちは日本の校則の厳しさに驚いていた。「私ならそんな学校には行かない」と答える人もいた。ＯＥＣＤ生

徒の学習到達度調査「PISA（世界79の国と地域の15歳の生徒約60万人を対象に、「科学」「読解力」「数学」の能力を調べるテスト）」で学力が高いとされるフィンランドでは、授業中にイスに座っていなくても構わない、寝ていてもどんな格好をしていても構わないとも伝えていた。携帯やゲームもOK、授業を聞いていれば何でもOKという校長の話には衝撃を受けた。

日本でそれを実践するには少々リスキーなのかもしれない。しかし、学校をめぐる状況は、とっくの昔に、こうあるべきと論じる段階からこうしたいと思う方へ実際に変革していく段階へと変わっていたと思えてならない。先進国の日本が一番古い流行遅れの指導をしている。変化をすることを恐れ過ぎて、30年前からアップデートしていないのではないかと思える。締め付ければ締め付けるほど、生徒は抜け道を探すものだし、これを読んでいる人もそんな生活を送ったことは一度や二度ではないだろう。しかし、大人になると自分の若い頃はこうだったと何年も前のことをいまだに正しいと信じ、強要する。モラルハラスメントの学校版、スクールハラスメントである。

昔は、染める＝不良のすることと理解されがちであったが、今や世代を問わず、街のいろんなところにいろんな髪型、髪の色の人がいる。教員も生徒も染めたければ染めればいいし、ピアスをしたければピアスをすればいい。最初、世間の目は厳しくてもだんだんとそれが普通になる。校則で生徒をしばるのではなく、自分の行動に責任を持たせ、「どうなりたいか、どう見られたいか」を考えられる生徒を育てることが大切である。「こうあるべき」という姿勢を見直すと、びっしり埋まった年間計画表も少しずつ白くなっていくだろう。白くなればなるほど、教員も生徒も自分で考え、その結果、教育の質は向上する。何より、生徒の力をつけさせるという本来の目的にぐっと近づくことは間違いない。

ノー残業デーを作るのではなく、大元を見直すことが生徒と教師の笑顔につながると考える。

## ●スマホを子どもに持たせる、持たせない？

友達が持っているから自分もスマホがほしい。友達が塾に行っているから私も行きたい。子どもがものを申すとき、「みんなやってる」「みんな持ってるから」が根底にあり、〝自分〟つまり主体性が見えてこない。言わせてもらえば、「だからどうした？　それがどうした？」である。

確かに、みんなに合わせていれば、多数の原理で怖くない。「赤信号みんなで渡れば怖くない」状態だ。どんなことも周りの目を気にし過ぎるあまり、自分の考えを押し殺し生きていく。そんな人生が楽しいのであろうか。いつも他人に合わせてばかりの人は、空気を読むという面では超一流かもしれない。しかし、**自分の考えを持つことはとても重要だ。**生きていくうえで信念を持つことだ。「赤信号みんなはねられ、さようなら」になってからでは遅いのである。

「みんなやってる。みんな持ってるから」と子どもに説得されてスマホを買い与えてしまったら、今後どうなるのだろうか。一つ一つ検証していきたい。

まずは、家族間での会話力の低下である。少なくとも、今まてよりはスマホに時間を割くことになるので、家族の会話は減ることが容易に予想される。次に、生活リズムの乱れがあげられる。ブルーライトによる睡眠の質の低下、睡眠時間の減少、食欲減退、朝起きられない、食事中もスマホをいじるなど、あげ

始めたらきりがない。

極め付けは、SNSなどネット上のトラブルである。今、生徒指導の面では、暴力行為よりもネットいじめの項目が多くあがってきている。ことスマホに関しては、学校が持ち込みを許可していない以上、各家庭でしっかりと指導すべきであり、学校に問題を押し付けるのは筋違いであると断言したい。スマホのメリット面だけを考えるのではなく、デメリットもあるということを各家庭が知っていなければならない。

そもそも、ネットいじめを含めたネットの問題に対しては、情報の出所を含めてトラブルの状況や実態がつかみにくいこともあり、学校の動きは必ず遅くなる。だからこそ、親はスマホを子どもに与えっぱなしにするのではなく、しっかりと管理すべきである。管理できないのであれば持たせるべきではなく、連絡を取りたければスマホ以外での連絡の取り方を教えるべきである。

ついでに言えば、昔は、友達の家の電話番号をかなりの数覚えていたし、家に電話をかけることで電話の応対も学ぶことができた。地図の見方、時刻表の読み方、物の調べ方など、スマホに頼らないでも済むよう、大人が子どもに教えるべきことはたくさんある。高価な機器（おもちゃ？）は満足度は高いが、便利さとは反比例して子どもの基礎能力は減少している。そのことを大人が自覚すべきである。

文科省は小中学校へのスマホ持ち込みについて制限を緩和するなんてことを言っているが、学校としてはその推奨など決してしていない。学校ではルールやマナーの指導をしているのに、ルールを決めていない家庭が多過ぎる。そして、問題を多く起こす家庭に限ってルールが決まっていない。しかも一度問題が起きれば、学校に指導を求めてくる。ちゃんちゃらおかしい話だ。そんな事態になったらすぐに解約して、そして1年間は反省期間としてスマホを取り上げれば済む話ではないのか。

これからは子どもにきちんと正面から向き合い、子どもにスマホが欲しいと言われたら、その有用性と弊害についてしっかり語り合うべきだろう。塾に通わせたいのなら、普段から勉強に対する熱意を育むべきだろう。子どもの言いなりになって無闇にお金をかけるのは大間違い。**教育は、真正面から向き合うことが大切だ。**

「スマホが欲しい」と子どもにねだられたとき、あなたは子どもと何を話し、どう向き合いますか？

## ●「ブラック部活」と呼ばれても

最近、**「ブラック部活」**という言葉を新聞やインターネットで目にする機会が増えた。私自身、野球畑で大学時代まで育ってきたが、今は男子バスケ部の顧問である。昨年まで学校の部活動担当として、部活動規約を見直したり、部活動保護者会などで保護者に協力を呼びかけていた。

現況について言うと、生徒の人数は減少しているものの、部活動の数は減少しない。別の言い方をすれば、今までの指導に比べ教師1人にかかる負担はむしろ増えているのだ。そこで、部活を減らそうとすると、所属している部活動の生徒や保護者から批判の声が相次ぐ。しかし、その生徒は昔ほど部活に熱心であるわけでもなく、家族旅行や塾、その他の習い事の方を優先したりする。保護者とも昔なら後援会やおやじの会などで食事を共にする機会も多くあったが、今や練習試合に来てくれる親と来てくれない親が明確に分かれ、ほぼ来てくれるというのは大会の応援ばかりだ。

それでも、まだ大会の応援に来てくれるだけありがたい。見てもいないのに、指導法が悪い、もっと強くしてほしいなどと、現場の状況を見ずに電話だけで意見を言われることすらある。驚くのは、「引退試合は実施しないのですか？　毎年やっているみたいですよ」という声である。「あなたはどちら様ですか？　1回も応援に参加されていないようで、まず名前を名乗ってもらわないと、どなた様か分かりません」と返したいところだが、教員はそんな声も真摯に受け止めて、年度末のあわただしい中でやりくりしてどうにか時間を作っている。

本来、引退試合や卒業試合などは、やる気のある保護者が集まって先生を招き、そして今までの指導の労をねぎらうものではないのだろうか？　私が中学生や高校生の頃は、練習では自分の親はもちろん友達の保護者からも様々な話を聞き、指導してもらった。そして、最後の引退試合では先生や親に子どもながらに感謝の念を抱いたものだ。

現在の部活動手当は、平日はなく、休日は2時間を超えると2700円の手当が出る。大会などで9時間やった場合の時給は300円で、ガソリン代、昼飯代をひくと本当に雀の涙である。著者の地元の場合、バイトの最低時給でも926円（2019年10月1日以降、埼玉県の場合）は超えているのに、仕事として認められていないのか――そんなことを考える人も多い。しかし、これはお金の問題ではないと考える。やはり「やりがい」だろう。一生懸命生徒と向き合ったことの対価は本来「感謝」や「やりがい」であるべきなのだ。昔の人はもっと手当が少なかった分、こういう使命的な動機から動いていたケースが多かったのではないだろうか。

私の部活では現在、教員が指導できる日を明示し、生徒全員がやりたい日を教員に伝えるようにしている。そうすることで、休みたいという生徒はいなくなるし、全員が意欲を持って取り組んでいる。その部活の成績を正直に言えば、決して強くはない。だが、どんな強いチームもいつかは負けるという現実を積極的に受け入れ、開き直ることも大切だ。要するに、**勝つこと以外に喜びを見出せる**ように導かないと、結果だけにしかこだわれない**〝指示待ちのラジコンカー〟**しか育成できないと考える。そういった意味で私は「生きる力」とは何かを自問自答し、自ら課題を考え、その答えに向かって今時の部活というものに取り組んでいる。だからそこには一抹のブラックさもない。

ブラック部活は、お金で解決できる問題ではない。外部指導者を雇って解決できる話でもない（プロを目指すような子だったら、とうにクラブチームに預けられている）。休みを増やせば解決できる問題でもない（部活による体力や活力の低下が心配？　そもそも中学生なんて、きちんと睡眠時間をとればすぐに回復する。マリオでいうと、いつでもスターをとって無敵状態になれる）。私に言わせれば、行政任せにし過ぎである。現場はそれぞれ違うのだから、週休2日（2日も休んでうまくなるわけがない、イチロー選手を見てみろ）や手当の値上げなど、この問題を小さく考えないでほしい。望ましい部活のあり方を保護者とともに考えること、それがブラック部活と呼ばれないための唯一の方法だと考える。

## ●BDK

ツイッターでは、BDKという言葉が流行っている。B（部活動）D（大好き）K（教員）である。この言葉は、あまり良い意味で使われていない。「ブラック部活動」が問題視される昨今、部活動を一生懸命やっている先生をディスる（ののしる）際に用いられているのだ。私も昔はBDKだったと思う。勝利至上主義のため、土日も朝から晩まで練習や試合に明け暮れていた。たくさんやることが生徒のためになるのだと思っていた。しかし、世の中には部活動を嫌だと感じている教員もたくさんいるはずである。そんな人たちのことを何も考えずに突っ走っていたのだから、今となれば本当に申し訳なく思う。

なんでもやり過ぎは体に良くない。ラーメンが好きだからと言って替え玉を10杯もすれば、さすがに味に飽きるし、食べきれなくなる（ギャル曽根さんみたいな大食いタレントやフードファイターは除いて）。

私は今、BDKである。しかし、以前のBDKとは違う。私にも大切な家庭があるし、自分自身の趣味に時間を使える休みも欲しい、その中でも生徒の成長も願っている、そんなあらゆる願望を取り込んだBDKである。部活動の実施日数は、ガイドラインを守っているため、かなり少なくなっているし、二人顧問で分業制にしているため、たまには保育園のお迎えにも行くことができる。技術指導は、なかなか難しいところもあるが、外部指導者の手も借りている。個々の差はあるがどんな生徒も入部した時よりも上手になり、教室とは別の人間関係の中で様々なことを学び、成長している。何もアスリートを育てているわけではない。生徒の力を少しでも伸ばすため、生涯学習としてスポーツに取り組むために、私は一緒に汗を流したい。

教員になった人は誰しも生徒の成長を願っていると信じたい。しかも教科で採用されているからこそ、教科指導と部活動指導が一緒に扱われるのはてんでおかしいという話も分かる。ツイッターでBDKとディスる気持ちが分からなくもない。年次研修でも言われることだが、**やはり教員は「授業で勝負」しなければならない**。学校教育の軸を授業にしっかりと戻す必要がある。教科指導に力を入れるため、放課後の教材研究の時間を確保し、部活動を監督する時間を減らすことはマストである。

部活動としても望ましい在り方を今一度再考するべきである。(たとえコロナ禍でなくても)昔、良いことと思って作られた部活動が、今、現場の足かせになっているのであれば、一度スクラップして、再度時代に合ったものに作り変えていく勇気が必要である。国や県といった上からの指示がないと変われない日本の世の中が、教育現場の外から見るととても滑稽で時代遅れに見えている。ツイッターからも学ぶことが多いと感じる今日この頃である。

## ●いじめ問題

部活動問題、働き方改革よりも世の中で注目されていること、それは今でも「いじめ問題」である。

学校におけるいじめのタイプは8種あるとされる。①冷やかし、からかい、悪口、脅し文句、嫌なことを言われる ②仲間外れ、集団による無視をされる ③軽くぶつかられたり、遊ぶふりをして叩かれたり、蹴られたりする ④ひどくぶつかられたり、叩かれたり、蹴られたりする ⑤金品をたかられる ⑥金品を隠されたり、盗まれたり、壊されたり、捨てられたりする ⑦嫌なことや恥ずかしいこと、危険なことをされたり、させられたりする ⑧パソコンや携帯電話などで、誹謗中傷（ひぼうちゅうしょう）や嫌なことをされる、という8種である。ここまでくれば、いじめに接しない日はないと言っても過言ではない。とにかく〝不快〟を感じれば、「いじめ即認定」というのが実態である。

先日、受験生の受験日応援に駅に向かった。万が一の際に備えて2時間前に駅に着いて、同僚と朝マックしながら「いじめ問題」について議論した。二人の結論は「いじめ」はなくならない、というものだった。どんな生物も弱肉強食の世界で生きており、人間もまた例外ではない。弱きものを守るのは、母親ぐらいのもので、ある程度成長をすると自分だけで生きていかなければならない過酷な世の中だ。だからこそ、自分よりも弱いものを作り、都合の良いように扱う「いじめ」がはびこる。しかし、最後には、「人

**間だけがその世界に抗える唯一の生物であり、人間だけが〝いじめをしない〟と強い意志を持てる崇高な生き物である」**という話にまで膨らんだ。

私は、中室牧子氏の『「学力」の経済学』を読んで以来、「教育の費用対効果」について考えてきた。「教育の費用対効果」とは何か。それは**「子どもがどれだけ力をつけることができたか」**である。このいじめ問題についての対応は、「教育の費用対効果」が極めて低い。いじめる側、いじめられる側の両方の心が荒んでいき、傍観者、それを指導する教師のすべてが不快な思いをし、誰も得はしない。解決すれば、「雨降って地固まる」というように集団の力の向上にはつながるかもしれないが、かける労力を考えたらいじめ問題は起こらないに越したことはない。

時間は、**もっと自分の価値を高めるために使うべき**である。他人を陥れたり、人を不幸にしたりすることの延長線上にある自分の幸福など、本当の幸福ではない。そのことを生徒に気づかせ、考えさせることが私たち教員の使命である。そして、生徒に力をつけさせるのが教員の仕事である。

## ●謝り方を知らない

今、教育の現場は子どもに生きる力をつけさせようと躍起になっている。しかし、教員が頑張れば頑張るほど、子どもに生きる力をつけることはできない。教員が頑張れば頑張るほど、生徒は物事を考えなくてよくなり、結果的に指示待ち人間となり、生きる力はつかない。

現在の学校現場は、いじめ、喧嘩（けんか）の問題に対して、「知覚過敏症ではないか」と思うくらい敏感に反応する。それもそのはずだ。メディアが面白おかしく取り上げるからだ。多くの学校では生活の記録をつけているかもしれないが、これも考えものである。いじめによる自殺の事件でこの生活の記録が明るみになった。その教員は、毎日時間がない中、やりくりして生活の記録にコメントをしていたと思う。そのコメントが一部だけ取り出され、ニュースになるように記事化されていく。テレビニュースを見て、あの時ほど教員という同業者に同情したことはない。

どうして近くにいるのに気づかなかったのか、他の解決方法があったのではないだろうかなど、いじめ、喧嘩の矛先は必ずといっていいほど教員に向く。一番身近なのは親なのではないだろうか。その親が子どもの変化に気づけなかったのは問題視されず、いつも教員が悪いと決め付けられる。

いじめには「重大事態」と呼ばれるケースがあり、それはいじめが原因で不登校や自殺にまで至るケースのことを指している。この重大事態を防ぐために、いじめを積極的に認知し、いじめの芽を摘もうと現場では試行錯誤が続いている。いじめの積極的認知、いじめの芽を摘む、大いに賛成だ。しかし、学校の本来の目的は、子ども一人一人の成長であり、積極的認知やいじめの芽を摘むことが第一の目的ではない。積極的認知やいじめの芽を摘むことが目的になるとどのようになるか。

**〈生徒が人間関係の問題を起こす↓教員が呼び出しをする（生徒のヒアリング）↓謝る場を設定する（いじめの報告は謝罪までの経緯を詳しく書かなければならない）↓謝る場を設定されないと謝れない生徒が増加する↓自分たちでトラブルを解決できなくなる〉**

まあ、こんな感じだ。どの学校も生徒同士でトラブルの解決なんてできていないだろう。上からの圧力で教員はこうあるべきだと押し付けられているようにしか感じない。「そのくらい自分で解決しろよ」なんて言おうものなら、「あとでどう責任を取ってくれるんだ？」という教員側の責任問題になり、説明責任が問われる。そんな世の中なのだ。

しかし、いくら子どもだと言っても、いつかは責任を自分で取らなくてはいけなくなる。親や教員に頼ってばかりでは、その存在がなくなったときに対処できない。教員としては子どもらに「自分が逆の立場だったらどう思う？」と考えさせることが大切なのであり、火消しのために謝る場を設定することが大切なのではない。子どもに生きる力をつけさせるために変わらなければならないのは、親や教員側であり、指導する上での心構えなのかもしれない。

## ●理想とはほど遠い席替え〈席替え考・その1〉

小学校や中学校では、数週間から数カ月の間隔で席替えが行われる。私の中学生時代にもあった。私が小学校や中学校に通っていた頃は、くじ以外の決め方はなかった。本当は自由に決めたかったが、子どもながらにそんな勝手なことは許されないと自覚していたし、席替えは平等であるべきだと考えていた。くじで席替えをすると、何回も同じ班になる生徒がいるが、それもあきらめがつく。だって運なのだから。そして、少し自分とは合わないなと思う人とうまく折り合いをつけ、人間関係を学んでいく。それが席替えの醍醐味だ。しかし、私が教員になってからの席替えは昔とは全然違うことに驚いた。

**1点目**……隣のクラスと席替えの時期を合わせる。そうしないと生徒から不満の声が上がり、不平等となるそうだ。

**2点目**……班長会。クラスで班長を決め、その班長が放課後や休み時間を使って話し合い、意図的に席を決める。

**3点目**……隣は異性。男子だけの班や女子だけの班を避け、バランスをとるそうだ。基本、このときに焦点に上がるのは男子だけの班で、うるさい、まとまりがないと言われる。かなり批判的な世の中である。

**4点目**……くじは絶対にやってはならない。隣や班が同じになったりして新たな交流が生まれないし、保護者からもクレームが来る。先生はうちの子を配慮してくれないのかと。

**全部「は？」である。**

1点目からいこう。なぜ、隣のクラスと時期を合わせるかである。そんなに合わせたければ、年間指導計画に席替えの項目を追加しておいてくれ。隣のクラスとは事情が違う。時に、このままいけばいいのになと思う班編成であっても、席替えによって最悪な状況になることもある。いくら足並みをそろえるからといっても、それが目的になってしまっては、生徒の学習環境を壊すことにつながる可能性があることを深く自覚してほしい。

2点目。いくら班長とは言っても、生徒である。今までの経験からほぼ間違いなく買収は行われている。その結果、班長への恨みが次第に増幅し、人間不信の生徒を量産してしまう。生活の記録なんかに買収があったことをほのめかす生徒まで出てきている事実もある。

3点目。LGBTQが話題になったりと、個性が尊重される中、どうして学校は、身体上の性別にこだわるのであろうか。性別を含め人間として平等に扱った結果、仮に男女比が偏った班ができたとしても、そこから学べることも多いと思う。

4点目。私の小学校や中学校時代が全否定されたみたいで単にムカつく。運命を受け入れて折り合いをつけていくことも、社会で生き抜いていく力を養う上では大切なことである。保護者からのクレームなんて、てんでおかしい。そのクレーム自体がいじめを引き起こすトリガーになっている。そのことを教員は保護者に粘り強く説得し、分かってもらう必要がある。うちの子を配慮してくれないのかという保護者に対しては、「いつまで子どもの決定権を奪えば気が済むのですか」と言ってあげるのも優しさだろう。

順当にいけば、親の方が先に死ぬ。だからこそ、子どもにしっかりと生きる力を授けることが親や教員の役目であると考える。その役目を果たさずして、何が教育なのか。**生徒が学校で理想通りにいかなかったときこそが実は生徒に力をつけさせるチャンス**であり、親や教員としての腕の見せ所ではないだろうか。席替えすらも子どもを伸ばす貴重なチャンスだと信じて教育していきたい。「生徒のために」という言葉を、もっと深く考えていくことが重要だ。

あなたのクラスの席替えはどういうシステムですか？

# ●教室は無菌室〈席替え考・その2〉

私が教員になった頃、**「教室は無菌室みたいだな」**とよくつぶやいたものだ。一番驚いたのは、席替えである。私が小学校や中学校に通っていた頃は、いつもくじ引きだった。席替えの日は学園天国がいつも頭の中に鳴り響いていた。「運命の～女神さまよ～この僕に～ほほえんで～一度だけでも～」ついに一度もほほえむことはなかったが……（泣）。

好きな人の隣になるという考えは女神に受け入れられなかったが、新たに同じ班になった席の人とは毎回仲良くなる努力をした。家で仕入れた面白そうな話や流行りのゲームや歌など、考えが違うからこそ最初はとまどうことがあるにせよ、ある程度仲良くなることはできた。家に帰って、「今回の席替えは、一回も話したことない人ばっかりだ」と家で嘆いても、相手にもされない。席替えの配慮がないなどと家が学校に電話をすることはただの一度もなかった。

しかし、今は違う。教室は無菌室なのである。菌がいると排除する傾向にある。親は自分の子が一番かわいいので、子どもの言いなりである。「〇〇と一緒になって最悪」と子どもが言えば、そのまま学校にその意見をぶつけてくる。**「菌うつし」**という言葉が出回った時期があったが、それは自分が不快だと思ったら、自分以外の誰かにその問題をなすりつけようとするもので、親が菌うつしを推奨している状態だ。

教師心得
生徒指導（いじめ対策）
校則
生徒の疑問
学習指導
進路指導
部活指導
学校給食
学校全般
保護者対応
労働環境 働き方改革
教育行政
その他（読書の魅力）

そんな親に対応した結果、私が勤めた学校では班長会による席替えが頻繁に行われている。班長会による席替えとは、班長が選出され、その班長が放課後にクラスの現状を話し合うものだ。「〇〇と〇〇はトラブルを起こしたばかりだから離した方がいい」「〇〇はうるさいから」「〇〇は寝るから前の席の方がいい」など、赤裸々でタイムリーな子どもならではの情報が満載である。そして、ドラフト会議が始まるのである。結局は、班長になったら思い通りの席にできて、班長や班長を買収している生徒は良い思いをするが、それ以外の生徒はよく思っていない。そんな生徒が不公平だなんて言った日には、「だったら、班長になれるように頑張ればいいじゃん」と返される。つまり、信頼がないということを自覚させられ、あとは我慢をするのみということである。

そんな状況だから、さらに親から文句が来ることも仕方ない。そういう負のスパイラルが席替えにはある。

席替えは、くじ引きか教員が決める、この二択に限る。生徒に決めさせるのは、百害あって一利なしだ。責任は生徒には取れないのだから、教員が決めるべきだ。万が一、そんな中でも親から訴えが来たらどうするか。次回の席替えで考慮させていただきます。その一言を言えばいい。「できないことはできない」と、教員ははっきりと言うべきである。そして、世の中は様々なもの、とくに自分とは価値観が違うものから学ぶことが多いことを伝え、これは子どもの力を伸ばすチャンスだと捉えることが重要である。違う考えを受け入れる柔軟な発想と他人への思いやりの心を育んでいきたい。かく言う私は現在、この席替えを進化させ、勇気づけの学級経営で知られる学校心理士の赤坂真二氏が説く『**クラス会議**』を取り入れた席替えを行っている。

教室は無菌室。あなたの教室は無菌室ではないだろうか。問題を極力起こさないようにしているだけではないだろうか。子どもは経験から学ぶものだ、問題から学ぶものだ、問題がないのは大人のエゴであり、子どもにとってはマイナスになる。

保護者に何か言われたと職員室で現状を嘆くのではなく、子どもをどうしたいか保護者に伝えて、長い目で見て、考えるということを教える。そのことも教員の使命なのかもしれない。保護者のご機嫌取りの教員ではなく、自分の教育に信念を持ちたい。芯がある、どこを切られても子どもの成長のためと言える金太郎飴のような教員を目指したい。

あなたのクラスは無菌室ですか？　何のために席替えをしますか？

## ●無関心な子どもを育てないために——多感な保護者と無関心な子ども

学校という現場に教師としてそれなりの年月、身を置く私が最近とくに感じることは〝多感な保護者〟〝無関心な子ども〟が多いということだ。

そもそも、子どもにとっての判断基準というものは〝快〟か〝不快〟かというところにあり、子どもが〝不快〟を感じたときに保護者の姿勢や力が問われてくる。

私が思うに、最近の保護者は「子どもに寄り添っている」と言えば聞こえは良いものの、その実態は保護者が「子どもの操り人形」のようになっている。要するに、大方の保護者は子どもの言った言葉をあるがままに受け入れ、一刻

も早く子ども の〝不快〟を取り除こうとしているのだ。

そんな中で流行り出した言葉が「モンスターペアレンツ」や「ヘリコプターペアレンツ」である。ただし、私は「ゾンビペアレンツ」と言うようにしている。なぜか？　保護者からの要求を叶えても、次の要求、次の要求と終わりが見えず、どんどん仕事量が増えていくからだ。しかも、そのゾンビを倒したところで子どもの変容は見られない。多感な保護者の子どもほどかなり現実的で冷めた面を持っており、親の愛情が子どもに伝わっているとは必ずしも言えない。

一方、SNSやゲームなど、今の世の中には面白いものがそれこそあふれるようにあり、その面白さに触れた子どもはその世界から容易には逃げ出せなくなっている。その影響で、多くの子どもが学校での学びに対し無関心になる。ネットや学校外の学びが〝快〟、学校での学びは〝不快〟として捉えられることが拡大しつつあるのである。何とも悲しい現実である。

学校での学びを〝不快〟ではなく、〝快〟として捉えてもらうための秘策が、あなたの学校にはありますか？

## ●「ふれあいDAY」という名のノー残業DAY

私の学校にも〝ノー残業DAY〟というものが存在する。「ふれあいDAY」というのがそれに付けられた名だが、私にとってはなんら意味をなさない。なぜなら、私はどれだけ勤務時間内に生産性を上げて活動できるかに重きを置いているため、ほとんど残業をしないからだ。正確に言うと、そんなに残業ができないと言った方がいいのかもしれない。

私は、教員である前に二人の子どもの父である。独身だった頃は夜の11時まで学校に残って仕事をやったり、土日も両日部活だったりが当たり前だった。しかし、子育てを機に教育への考え方が変わった。昔は時間こそすべてと考えていた。どんな非生産的な活動も時間をかければ実を結ぶと考えていた。しかし、今は違う。密度こそすべてだと思う。こっちの考え方の方がしっくりくるのかもしれない。学級通信も毎日作って200号に達したこともあるが、いかに少ない枚数で自分の思いを生徒に届けられるかを大切にしている。

私の学校の〝ノー残業DAY〟は17時30分までに退勤をするというものである。しかし、私の学校の就業時間はもともと16時45分までと定められているので、これでさえ45分の残業をしていることになる。それでも多くの教員は「時間が足りない」と言っている。

学校では、〝やるべき仕事〟は少ないが**〝やった方が良い仕事〟は無限にある。**そして、やった方が良い仕事を重要視される傾向があるため、やるべき仕事がおざなりになっていたりする。職員室での出勤簿や出退勤表、生徒の出席簿や学級日誌のチェック、生徒指導の報告など、おろそかになっている人が多いのではないだろうか。

私の同僚の中にとても仕事のできる先生がいて、その人が言っていた言葉が「計画性」である。まずはプロとしてやるべき仕事とやりたい仕事の線引きが重要であろう。良い取り組みは、計画性があって初めて良い取り組みとなる。

まずは自分の行動をシステム化することが大切である。出勤簿への押印一つとってみても、何も毎日心を込めて押している人はいないだろう。私自身、意識するのは給料日くらいなものである。たまに出勤簿中の空欄を相手に〝北斗百裂拳〟のごとく連続で印を押している人を見かけるが、何かに追い立てられてせわしくしている姿は見ていて気持ちの良いものではない。

こうした出勤簿への押印のような何も特別な感情を持たずにできる行為については、「ご飯を食べたら歯磨きをする」並みの生活習慣として日課の中に取り入れておきさえすれば、かなり余裕が出てくるハズなのだ。朝、職員室に入る↓あいさつ↓出勤簿への押印↓出退勤表の記入↓旅行命令簿の記入↓机上の整理と決めておけば、ものの5分でできる。そのルーティーンが確立されていないから、いつも押し忘れ、記入忘れになるのである。

16:45に勤務が終了し、片付けなどを済ませて17:00には帰るのが自分（著者）流

生徒の忘れ物に対して指導する立場にいる以上、まずは教員が襟を正したい。やるべき仕事を生活に組み込むことにより、かなりのミスが減らせるであろう。そして、密度を高めることで、取り組むべき課題が精選され、本当に生徒の力をつけさせることができるようになる。学級通信に力を入れる前に、朝の会や帰りの会で〝教員が人生を語る〟ようにする。それでも生徒の刺激になるし、考えも深まるはずだ。

もっと欲を言うならば、「一日一人、今日はこの生徒と話す」と決めれば、生徒自身も言葉の矢印が自分の方に向かってくるので、その言葉は、右から左に通過して終わるのではなく、その生徒の中に残り続けるものになる。そんな声かけを1日2回ずつ行うと、一人の生徒にかけられる言葉は年約10回程度にもなる。生徒に10回しか話すチャンスがないとしても、あなたがその生徒にこのように成長してほしいというものを10回きっちり伝えることで、かなりの生徒の能力が高まる。

だからこそ、年度初めに、**「生徒に身につけさせたい10のこと」**を深く考え、準備しておくことが大切である。あなたが大切にしたいことは何だろうか？　1年後、目の前の生徒たちにどのようになっていてほしいだろうか？　こんなことを考えると10個では足りない気がするが、そこは欲張らず10個きっちり作り、確実に伝えていくべきである。

そういうことを意識していると、学期末の通知表の所見にはあまり頭を悩ませることなく、スラスラ良い部分が書けるだろう。〝ノー残業ＤＡＹ〟を推奨する前に、今ある仕事の密度を見直していきたい。

あなたが定時で帰るためにしている取り組み、工夫は何ですか？　そこに高い生産性が隠れているのかもしれません。

## ●働き方改革

今日、よく見聞きするものに「働き方改革」という言葉がある。しかし、「あなたの働き方改革は？」と聞かれると、答えられない人がとても多い。私の場合、働き方改革は現場で〝当たり前〟とされていることに疑問を持つことから始まる。いくつか疑問に思っていることを挙げてみる。

**《中間テストと期末テスト》** 学期に2回のテストをすることに何の疑問も抱かない教員が多過ぎる。2回テストを行うということはテスト計画、問題作成、実施時間、丸付け、評価、返却と少なくとも六つの時間がかかる。定期試験がなくなっても評価できる学校が出てきたからこそ、定期試験のあり方を見直す必要がある。

**《3年間に一度の修学旅行》** 修学旅行でしか学べないことがある。これは、教員の言い分である。どんなに事前学習をしたり、学問を修める旅行だといっても、多くの生徒にはご褒美の旅行としか捉えられていない。だとすれば、企画をする教員の力がついているだけで、生徒にはあまり力がついていない。数年前に私が旅行担当だったときは、持ち物を生徒全員に考えさせたり、しおりをすべてパソコンで作らせたりして、今までの旅行よりも生徒の力をつけさせることができたと思う。しかし、その一方で詳しい行程

表はやはり教員が作る。生徒にはその行程表を作る経験が今までにないから仕方がないことであるが、5万円を払っての費用対効果は低い気がする。1回にドカンと費用がかかる修学旅行よりも5000円程度のお金で済む遠足を学期に1回取り入れ、生徒にすべて企画させる。失敗したとしても、3年間で9回の遠足を企画できるわけだから、最後の方はとても高いレベルに達するだろう。

**《校則が多い学校》** 校則が多い学校は、それだけ教員が生徒に指導する項目が増える。つまり、時間がそれだけ必要になるということだ。しかも、その時間をかけた分の効果が得られると良いが、生徒の恨みや保護者の反感を買うことも少なくない。個性を認める時代と言いつつも、がんじがらめの秩序から抜け出せないのが学校である。ツーブロックの髪型の問題でも、世間ではさわやかな髪型と受け入れられているのに、なぜか学校では奇抜な髪型だと受け入れられない。目にかかっていたり、不衛生で手入れのされていない髪型よりもよっぽどマシである。令和の即位礼正殿の儀でも新天皇はツーブロックのようだった。それでもツーブロックは奇抜だと考える学校がいかに多いことか。

**《家庭の問題に介入し過ぎ》** 今の世の中、児童虐待は言うまでもないが、子どもが大切に扱われていない、子どもの人権が尊重されていないニュースを目にすることが多い。しかし、本来、家庭が決めるべきだと思うスマホのルールまで学校が介入しようとしている。学校ができるのは、問題を把握し、情報提供や注意喚起を呼びかけるくらいである。そんな中、ＬＩＮＥやＳＮＳでこんな悪口を言われたので「指導をしてほしい」と言ってくる保護者がなんと多いことか。そんな状況だから「だったらスマホを持たせないで」となるのである。メリット、デメリットもふまえ、上手にネットと付き合っていくのを教えるのは親の役目である。

挙げたらきりがないが、長時間の職員会議、部活動の拡大化、いじめの調査報告、道徳の教科化、業務は削減されないのに「ノー残業ＤＡＹ」など他にも書ききれない問題が多くある。この一つ一つを見直していくことこそが働き方改革になると思う。

あなたの学校でできる働き方改革は何ですか？　あなた自身ができる働き方改革は何ですか？

## ●定時に帰る覚悟

子育てをする以前は、残業なんて当たり前のような働き方をしていた。子育てをするようになって、子育て世代の先生方の動きがよく見えるようになった。一言で言うならば、「定時で帰る覚悟」がなす振る舞いである。少しバツが悪そうに職員室から出るものの、仕事はきちんと行われていて他に迷惑がかかることはない。その裏側には目に見えない努力と工夫があることを知ったのは、自分が定時で帰るようになったからである。

定時に帰るとやはり生産性を上げなくてはならず、個人でできる働き方改革が必要になってくる。業務の精選化、これが大きな課題であろう。教員は「生徒のため」という不文律から爆発的に仕事の量が増えている現状がある。そのような中で、結果につながる取り組みを精選し、子どもの力を効率的に伸ばすも

のだけを残す。定時に帰る教師は、この選択が抜群にうまい。

定時に帰る先生から私が学んだことは、こうだ。

①生徒を動かすのがうまい
②教室の仕組みづくりがうまい
③謙遜し過ぎていると思わせるほどの〝私できない〟アピール
④要点を絞っているから費用対効果（体育祭優勝、合唱コンクール金賞など）が高い
⑤生徒、保護者の満足度が高い

①の「**生徒を動かすのがうまい**」というのは、係や委員会の活動を形骸化させず、各自に責任を与え、それを全うさせているということ。教師が関わることのできる時間は限られている。その弱みを逆に、助けてもらわないと生きていけないという『ワンピース』のルフィ風に強みにしている。

②の「**教室の仕組みづくりがうまい**」というのは、教師が効率的に仕事をやっているので、それが生徒に伝播し、給食や清掃の取りかかりが早く、配りものなども生徒自ら率先して行うようになっているということ。できる教師は給食と清掃を見れば分かるとはよく言ったものだ。

③の「**謙遜し過ぎている〜〝私できない〟アピール**」とは、本来、ボランティアとしてやるべきことま

で仕事としてはやりませんと暗に周りに示していること。その仕事をやるのなら応援はするが、私には無理だという意思表示がとても上手なのである。

④、⑤はここまでくれば、だいたいお分かりだろう。学級経営がうまくいっているので、行事などでも生徒が自主的に動け、かつその力を発揮しやすい。生徒が自分たちでより良くしようとすると、教師にやらされている場合に比べ格段に取り組み方が変わってきて、互いに協力もするし、万が一満足する結果が得られなかったときも他に非を求めることはない。自分に矢印が向いているからである。

そんな定時で帰る教師には、子育て世代の理解や④⑤の「**正の連鎖**」が何年にもわたって続く。そしてそれが伝統となり、「**あのクラスならば**」「**あの担任ならば**」と生徒や保護者から太鼓判を押される教師が多い。私も子育て世代であるが、まだまだ偉大な先輩方の足元にも及ばない。「定時に帰る覚悟」を持っている教員の良いところをさらに学び、生徒の良さを引き出せる教員へと成長したい。

教師心得
生徒指導
校則
生徒の疑問
学習指導
進路指導
部活指導
学校給食
学校全般
保護者対応
労働環境 働き方改革
教育行政
その他（読書の魅力）

## ●仕事が早い

仕事が早いとよく言われる。しかし、嬉しくもなんともない。スピードを褒められても中身まで見てもらえないことの方が多い。3カ月先のことを考えて仕事をした方が良いと数年前にアドバイスをもらって以来、この働き方なのである。

定期テストは皆が中間テストを作っているときに期末テストを作るだけ、三者面談や家庭訪問の通知を作成する際は一つ先のお知らせを作るだけ、通知表の所見は日頃から生徒の良い所を忘れないように書き込んでいるだけ、要録は皆に合わせて3月に作っているが、ほとんどは1月には完成している。やっていることは変わらないし、私はそれほど仕事ができると思っていない。費用対効果を常に考えて行動している。

教員になって2年目は、いつも帰るのが遅かった。なぜなら、学級通信を毎日発行し、全部で200号を超えたからだ。この費用対効果はあまり高くなかった。200号全部をファイリングしてくれている生徒もいれば、机やロッカーの奥底に押し込められて、数日後に見るも無残な姿になって出てくるなんてこともざらにあった。今思えば、教室整備が行き届いていなかったから発見も遅れたのであろう。「しっかり持ち帰ろう」と呼びかけても、「出してくれと頼んでないし」と言われる始末。発行を心待ちにしている生徒がいる中で、心が届かない生徒もいた。そこで、次の年から、「どの生徒にもプラスになるような取り組み」について深く考えるようになった。

一つ目は、定期テストである。一つ先の定期テストを作ることで、授業の質が断然違ってくる。こういう問題を出すから、この教え方をしようと教材研究にも以前より力が入る。もちろんテストのミスはないので、テスト中に「**訂正です。〇〇を見てください**」と生徒の貴重なテスト時間を奪うこともないし、力は測れるが採点に時間がかからない問題を目指しているので、テストの返却が予定より遅れることはない。採点と同時に観点別の成績もパソコンに入力されるため、点数のミスが出ないし、すぐに成績処理に移ることができる。ノートやワークの提出は、テストより1〜2週間前にしているので、テスト範囲が配られたときにすでに提出済みであったりして、生徒の気持ちもきっと軽い。テストに被らないため、テスト後に答えを書き写すなんてことはないし、他の教科を優先されて提出率が悪いなんてこともない。

二つ目は、通知表や要録の所見である。私は「クラスのよい所ノート」というものを作っており、クラスの誰もが書き込み可、閲覧可のノートがある。良い所を見つけたらそのノートに書き残し、すぐさまエクセルのファイルに入力する。私が教室にいなくても、生徒や授業の担当者がそこに何かを書いてくれれば、それについて詳しく聞き、通知表に書けそうだったらその日のうちに書いておく。学期初めのことは特段に大きな物事ではない限り、私は思い出すことができないので、コツコツと情報をためている。そういう日々の積み重ねが、後にゆとりある学期末をむかえるポイントになっているのかもしれない。

あなたが、3カ月先を見越して、今やれる仕事は何ですか？

## ●プレミアムフライデーはいずこへ

「プレミアムフライデー」と聞くと、懐かしく感じる人もいるかもしれない。バブル時代に盛んに使われた「ハナキン」こと「花の金曜日」を連想するからだ。平成29年（2017）から導入されたプレミアムフライデーももう3年が経つ。始まりこそ世間をにぎわせたものの、今はもはや死語となっているように感じるのは私だけであろうか。プレミアムフライデーとは、毎月末の金曜日に午後3時をめどに仕事を終えて各自が自分のために時間が使えるようにと、国や経済界が音頭をとって始めたキャンペーンの呼び名である。いつもより早い時間に退勤し、旅行へ行ったり趣味に没頭したりと金土日を有意義に過ごせるよう働き方改革の一環として導入された、と言えば聞こえは良いが、やはり個人消費喚起のニュアンスがどうしても目立つように感じてしまう。

導入当時は、その制度を活用して海外旅行に行く人などが取り上げられたが、それと同時に家に帰れない「フラリーマン」という言葉も流行した。仕事が生きがいの人は余計なことをと思ったのではないだろうか。私自身、この制度を聞いたとき、教員にもこの制度ができるといいなと思った。どうして教員にはこの制度が無いのだろうか。教員には、定時退勤を名目上早めるだけで、実質的には何も〝お得感〟が無いのが現状である。ついでに言えば、教員に関する昨今の報道は、「不祥事だ」「また体罰だ」といった具合で、悪いニュースばかりである。先日、私の勤めている学校の職員室の会話でも『はつらつ先生』と表彰された人までもが不祥事を起こして話題になる時代になった。そろそろあの表彰もやめた方がいいのでは？」などと話すことがあった。こんな状況では、ますます教員のなり手が減り、採用試験で淘汰されない分、質も徐々に下がってくるはずである。まさに、**教員デフレスパイラル**である。

何事も成果を上げるには、時間がかかる。とくに学校の現場では、この「プレミアムフライデー」云々を論じる以前に、もっとしっかりと腰を据えて改善すべき問題が残っている。学校のいろんな活動には意義があり、生徒に教育できることは無限である。しかし、時間や教員は有限である。無限に存在する教育の中から、有限な時間や教員で対応できることに変革が求められている。そのためには、学校行事の精選である。管理職任せにするのではなく（もちろん業務量をきちんと管理してもらわなければならないが）、現場の教員も今のびっしりとつまった年間予定表（私の学校では1学期に何の行事もない日は7月10日のみ）を少しでも見直し、働き方改革を進めていかなければならない。

あなたの学校の年間行事予定表は真っ黒ではありませんか？　金曜日くらい早く帰れるような予定表になるといいですね。

## ●趣味は心の活性化

私は、大学の時から約10年の間、アームレスリングという競技を続けている。私のアームレスリングの師匠、畠山裕介氏（全日本アームレスリング無差別級11連覇中、ＵＳＫアームレスリング創始者）に以前、叱咤激励(しったげきれい)されたことがある。そのときかけられた言葉がこれだった。

**「趣味に本気になれない奴は、仕事にも本気になれない」**

教員という仕事は、やりがいのある仕事である一方、仕事量も膨大で、私も教師になって初めの頃は何度もプレッシャーに押しつぶされそうになっていた。そんな時、毎週あるアームレスリングの練習会の後にはいつも食事を共にしながら、そこで何度も相談に乗ってもらい、幾度となく励まされて今がある。つらい時に家族に励まされたのは言うまでもないが、それ以外にも味方や理解者がいるのはかなり心強いものである。

ここで私が伝えたいのは、「職場以外の関わりを持つことがリフレッシュにつながり、どんな仕事にも前向きに取り組める」ということだ。あなたには、本気で打ち込んでいる趣味があるだろうか？

全日本アームレスリング選手権11連覇中の畠山選手（左）と腕を組む著者。このチャンピオンが自分を育ててくれた師匠。

毎週2日行われる練習会の様子。レディゴーのかけ声とともに力をぶつける著者（左）と練習相手の奈良選手。

何かを始めるときに遅すぎるということはない。なぜなら、残りの人生の中で今日が一番若いのである。今日というのは、昨日から今日、明日という日々の連続性の中で捉えるのではなく、新たなスタートを切れる一番良い日なのだという捉え方をしてほしい。家から職場、職場から家という決まった二地点の往復で1週間を終えるのではなく、生活に刺激を与えてみよう。できれば、自分以外の他人を交えて何かをなす趣味の方が、その人たちの生き方や考えに触れることもできるので、おすすめである。

全力で打ち込める趣味を持つこと――これが10年後になっても元気に働いていられる秘訣なのかもしれない。

## ●教員免許更新制

平成21年（2009）から教員免許更新制度が導入された。文科省によると、「教員免許更新制は、その時々で教員として必要な資質能力が保持されるよう、定期的に最新の知識技能を身に付けることで、教員が自信と誇りを持って教壇に立ち、社会の尊敬と信頼を得ることを目指すものです。※不適格教員の排除を目的としたものではありません」とある。

今、ここに断言する。まったく意味がないと。教員免許の更新をする人たちを10年近く見守っていたが、誰もこの更新制で自信や誇りを持ったとは考えにくかった。もちろん、社会からはあまり認知も進んでおらず、尊敬や信頼を得られたかというと疑問ばかりが残る。この更新制を受けた人が持ったもの、それは更新制への怒りと更新制は必要性ないという認識である。

私が出会ってきた先生方は、更新年度になると、とてもつらそうだった。更新の講習は夏休みに集中しており、夏休みの部活を削るため、生徒や保護者からも不満の声が上がる。何のためにやっているのか、生徒のためと自分自身に言い聞かせても、実際にはそうはなっていなかった。どこの試験が簡単か、駐車場はあるかなど、あまり講習の内容に話は向かなかった。大学に5日間缶詰状態になるということで、精神もおかしくなっていたようだ。

自動車運転免許のようにゴールド免許があれば、講習も少なくて済むのだが、そんな制度があるわけではなく、どの教員も同じように講義を受ける。だったら、日々の職員研修は何なんだと怒りの声が上がるのも仕方ない。私たち教員は、目まぐるしく教育現場に適応しようと年に何回も出張に行き、研修を受けているのに、その意味は何なのか。

しかし、一度決められたルールに反発する教員はいない。皆、真面目に講義を受け、免許を更新する。

私も数日前まではこの考えでいた。ところが、最近（2019年）、静岡市で行われたある募集を目にして、抑えきれぬ怒りを覚えた。その募集にはこうあった――「美術・技術・家庭で民間企業経験者（3年以上）を対象とした選考を実施します（**教員免許状がなくても受験可能です**）」。

最後のカッコ内の文言については、「はあ？」である。教員免許状がなくても教員になれるとは、教員免許を愚弄しており、免許更新制の必要性がないと言っているも同じではないだろうか。おそらく、多くの教員がこのニュースに触れて驚いたことであろう。社会人特別選考は良いとして、免許がない人を採用する、そんなことがまかり通った日には、生徒に何と言って指導をすればよい？　自動車の運転も免許がなくても大丈夫なのか？　専門の知識を学び、教育実習で現場を知り、大学で4年かけてとった教員免許が何の意味もなかったのかといった様々な声が浮かび上がってくるようだ。

それならいっそ教員免許更新制は不適格教員（指導力やコミュニケーション能力が問題視されたり、懲戒処分を受けている教師）にだけ適用し、その他の教員は、「これからも出張や研修を頑張りましょう」

で良いと思う。ここまでくれば、もういっそ教員免許更新制を廃止し、本当に能力を持っている人をどんどん採用すべきなのかもしれない。そちらの方が生徒のためになるし、学校は活気あふれる場所になるだろう。これからの世の中で教員免許更新制がなくなることを切に願い、私は昨年度教員免許更新の対象者なのでしっかりと講義を聞いてきた。あゝ、無情。

# ●職員会議に委任状制度を～働き方改革～

教員なら誰しも職員会議が長いと思ったことが一度や二度はあるだろう。むしろ毎回そう思う教員の方が多いのかもしれない。私が思うに、職員会議が長いと感じた時点で、その教員が参加している意味はない。生産性で見ると最悪である。**「時間のレイプ」**――これはインターネットで見かけた言葉であるが、言葉は乱暴であるにせよ、物事を的確に捉えているように思う。

他人の時間を奪うことに人は無頓着である。そして、教員の場合はその率が高めである。現在、働き方改革ということで、多くの学校において今までの行事や校則、部活動のあり方などが見直されている。だがしかし、現場目線から言わせてもらえば、それよりも勤務時間内の自分の仕事の時間を確保することがよっぽど大切である。

実のある改革を目指すのなら、まずは会議というのは名ばかりで、情報伝達というか連絡事項だけで長時間を要し、何も得られるものがない**職員会議に委任状制度**を取り入れるべきである。

PTA総会の決裁でも、その日出られない人のために委任状の制度がある。学年の中で、議題に対して意見がある人が参加し、他は決定事項に従う。決定事項に不服があれば、不服があった教員が提案し直せば良い。ほとんどの場合、企画委員会でもまれているわけだから、何か意見を言っても、ほぼ原案が採用される。だとすれば、学年主任からの伝達事項にし、意見があれば学年主任に伝え、さらには提案をして現在の学校にあった取り組みにしていけば良いと思う。

教員も日々、暇ではない。「スクラップ&ビルド」という言葉があるが、教員の世界では「ビルド&モアビルド」である。老朽化した建物は一度壊す、という勇気を持ちたいところだ。学校の外の世界を見渡すと、企業はどんどん先へ進み、ネット会議などもとうの昔に導入されているというのに、学校は完全に時流に取り残されたかのようだ。

幸い、この改革には情報インフラ整備など不要である。今後10年以内に日本全国の学校の職員会議に委任状制度が導入され、働き方改革が進むことを願うばかりだ。あなたの学校でも職員会議に委任状制度を導入してみませんか？

# ●道徳の教科化と評価と……

今、避けては通れない話題、それは道徳の教科化である。簡単に言うと、道徳教育に力を入れて、いじめによる自殺が多く起こっている世の中を変えていこうとする文科省の動きだ。私は、この道徳の教科化についていくつかの不満や疑問を持っていた。

まず、なぜ現場の意見を聞かないかということだ。道徳教育を充実させた方が良いというのはとても分かる。しかし、なぜ評価するのか。そもそも道徳とは、人間社会と不可分の規範という面がある一方で、人間の内面で生じるものであり、自分自身に矢印を向けて考える極めて個人的なものである。それを評価するとは何事か、そう思った教員も少なくはないだろう。そのせいで今も現場は混乱しているし、困惑している。

考えてもみてほしい。自分の子どもが、道徳のある項目でA、B、Cと評価付けされたら、どう思うだろう。だからA、B、Cという数値評価はせず、文章による記述評価をするように決められているハズと思う方もいるだろう。それでは、総合的な学習の時間を思い出してほしい。こちらも記述評価だが、やはり生徒や保護者の関心は低く、目がいくのはいつも5段階評価と所見の欄である。他人とはほんのちょっとしか違わない所見なんてスルーされがちなのだ。



教師心得
生徒指導（いじめ対策）
校則
生徒の疑問
学習指導
進路指導
部活指導
学校給食
学校全般
保護者対応
労働環境 働き方改革
教育行政
その他（読書の魅力）

ゆとり教育から始まったこの取り組み、ゆとり教育が終わった今、なぜ続ける必要があるのか？　現場では「時間がない」と口々に言っている。**事を始める際に終わりを決めていないから、行事を含めやることがどんどん増えて、どの取り組みが一番効果的であったのか分からない。**道徳教育もこの総合的な学習の時間と同じような末路をたどる気がしてならない。

いじめ自殺問題に歯止めをかけたいがための策を打ち出す文科省、生徒の道徳力の評価に前向きでない現場、記述評価など気にかけない家庭……歯車がうまく噛み合っていない。

私としてはやはり、評価に力を入れるよりも、他人や違いを受け入れる受容力をつけさせたい。私のクラスの場合、道徳の時間になると全員が円になり、一つのテーマについて意見を出し合う。まさにかつてEテレで放送されていた『真剣10代しゃべり場』である。

最初は、同じ人しか意見を言わない、意見が偏るなど、なかなかうまく行かない。うまく行かないこと、それさえもテーマにして考えさせると、今の生徒の現状が見えてくる。「自分の意見を言うことが恥ずかしい」「批判されるようで怖い」など心の中では悩みを抱え、自分をさらけ出せない。しかし、粘り強く取り組むことで自分の意見に自信を持ち、他者との違いを受け入れ、他者に敬意を払うことができるようになる。そのためにも、授業は教員対生徒の構図ではなく、生徒対生徒の形にすべきで、教員は司会者に徹すればよい。テーマは自分が揺さぶられたものなら何でもよい。いじめ撲滅には、違いを受け入れる力と、人間だけがいじめという問題に立ち向かえる崇高さを自覚させる必要がある。

大勢がいる前で自分の意見を堂々と言うことができれば、あとで「本当はこう思うんだよね。何あの子、かっこつけちゃって」みたいなものがなくなるし、他者という違いを受け入れられれば、身体や性格、癖や思想を馬鹿にすることもなくなる。まずは語り合えるクラスを作ることが不可欠なのだ。語れるクラスでいじめは起きにくい。

そうした私の経験則も含め、受容力や共感力を高め、人の痛みが分かる人間を育てたいとの思いは不変である。であるからこそ、道徳教育に力を入れること自体には賛成である。他者を介して気づくことは教員になっても多い。しかし、現場では評価をすることに労力が注がれている。それよりも別の力の入れ方がきっとあるはずなのに……。このままでは、評価することが目的になってしまった学校現場がきっと出てくるぞ。違うか？　文科省！

教師心得
生徒指導（いじめ対策）
校則
生徒の疑問
学習指導
進路指導
部活指導
学校給食
学校全般
保護者対応
労働環境 働き方改革
教育行政
その他（読書の魅力）

## ●開かれた学校づくり

今日、体験活動が再び注目されている。それはなぜか？　小さい時からスマホやゲームを与えられ育ってきた子どもは、やはり実体験から学んだものが乏しい。外で遊ぶには十分なスペースがないといって、そのエネルギーを小さな画面に向けていては、何も学べない。

これは、学校にも問題があると考える。開かれた学校づくりとはよく聞くものの、放課後、学校のグラウンドを開放しているところがどれだけあるのだろうか。子どもが住む地域には、住居が多く建てられ、公園などが減っていった。サッカー、野球、バスケにとどまらず凧揚げができる場所なんて学校のグラウンド以外皆無である。それを開放しないから、地域から「マナーがなっていない。さわいでいる」など学校に苦情の電話がしばしば入ることになるのだ。子どもは元気なのである。その子どもから場所を奪った代償が苦情の電話なのかもしれない。

グラウンドを開放すると、ゴミが散乱して学校が荒れるという意見がある。そのゴミさえも子どもの学びになるというのに、そう考えることのできない大人が実に多く、とても悲しく感じる。汚れを問題視するなら、例えば夕方の一時、地域の防災行政無線の放送が流れる間などに「クリーンタイム」を導入すれば良い。それでも足りない部分は、日々の学校生活の中で外清掃を導入すれば済む話だ。かえって、公共

の場所をきれいに使おうという意識も育まれるというものだ。

そういった意識も育まないで、ルールだからと突っぱねてしまうから、いつまでたってもポイ捨てがなくならない、自分の街に誇りが持てない、地域行事やボランティアに参加しない若者が増加するのである。地域の方にも協力してもらえば、地域と学校の交流にもなる。一緒にゲートボールやグラウンド・ゴルフをやるだけでも、子どもが学ぶことは多いはずである。もっと開かれた学校づくりをすれば、「昔遊び教室」なんてわざわざ開く必要ない。

現在どれだけの子どもが、昔なら当たり前だった遊びをできるだろうか。けん玉の技は複数できるのか、お手玉は三つ以上できるか、囲碁や将棋、コマ回しができるのか……。メンコだって毎日やっていれば、全身の使い方が上手になり、体力低下にも歯止めがかかるかもしれない。

**社会の問題に立ち向かうために、学校や地域の役割はとても大きい。**地域には、教員が生徒に教えられないことを教える力がある。私が勤めている学校では、華道の先生が定期的に花を生けてくれる。旬の花の名、素材を生かす花びん選び、立体的な表現技法など、学ぶことはとても多い。地域は才能の宝庫である。総合の時間にだけゲストティーチャーとして招くのではなく、常日頃から協力していけば、生徒の力を何倍にも伸ばすことができるのだ。

小学生を対象に新たにプログラミング学習を取り入れる以前に、日本がやるべきことはまだまだある。常に学べる場所が身近にあるのに、それを活かさないのはとてももったいない話だ。本当の意味での開かれた学校を目指し、昔の良かった部分を取り入れることが今、求められているのかもしれない。

# ●緊急連絡網はLINEで良くない？

**「先生、これって意味あるんですか？」** この生徒の問いからすべては始まった。年度初めに、緊急連絡網を配ったときのことである。生徒が言うには、最近の連絡網は全然つながらないようだ。つながらない場合は連絡網の何番目まで飛ばして電話をかけなければならないのか、何回かければ良いのか、回す気苦労を考えてほしいとのことだった。

**「もういっそLINEで良くない？」** その生徒の意見に賛同する者が多かったのを今でも覚えている。

さて、昔はどうだったのだろうか？ もちろん電話が普及する前だ。おそらく、連絡は紙に書いて、それ以外は連絡手段がないから各家庭の判断だったのだと思う。この各家庭の判断には癖がある。家庭の判断で多くの生徒が休んだら、それこそ毎日学級閉鎖状態になるかもしれない（昔は何が何でも学校へ行かせることが多かったと思うが……）。そこで、電話の発達により、緊急連絡網ができた。しかし、今は電話でさえも時代遅れになりつつある。

スマホを持っているほとんどのユーザーが利用しているLINE。伝えたいことが一瞬で多くの人に届くメーリングリスト（もはや死語か）のような機能に加え、何人が読んだのか分かる既読人数を把握する機能付きだ。この既読機能がついているLINEは衝撃的だった。メールだと読んだのか分からないが、

ＬＩＮＥだと読んだかどうかが分かる（まあ、この既読機能がいじめにもつながるというデメリットは置いておいて）とても便利な機能だった。

今の生徒は、このメリットの部分を重視し、緊急連絡網をＬＩＮＥにするというアイデアを思い付いたのだ。さあ、このあと私がしどろもどろになりながら、弁解したのは言うまでもない。

おそらく、ここ何年かの間に従来の緊急連絡網はなくなり、別の連絡手段が優勢になることは間違いないだろう。しかし、この緊急連絡網から学ぶことは多かった。友達の家へ電話をかけるとき、きちんとあいさつをし、敬語を使い、用件を伝える。遊びに行くにも昔は結構気を遣ったものだ。この気を遣えることは、きっと社会に出て役に立つ。まず、いろんな人に可愛がられる。二つ目以降は自分で考えよう。人間関係が希薄になる世の中だからこそ、メリットばかりを追い求めるのではなく、人と人とのつながりを大切にしたいと言って「ＬＩＮＥで良くない？」を乗り越えた一日だった。

「緊急連絡網はＬＩＮＥで良くない？」と聞かれたとき、あなたはどう答えますか？

［第2部］

# 数学がスイスイすすむ“数楽すごろく”のすすめ

# 今、なぜ〝数楽すごろく〟が必要なのか

今日、子どもたちの教育をめぐって各学校や家庭が思い悩んでいることをまとめてみると、だいたい次のようなものになるのではないだろうか。

## 学校が困っていること

□学力を向上させるためにいろいろ取り組んでいるが、なかなか結果が上がらない。
□子どもたちが勉強に興味を持ってくれない。
□良い取り組みほど準備に時間がかかってしまい、結局いつもの授業に戻る。
□教材開発、教具に毎回お金はかけられない。
□出張や年休で自習が生じ、自習課題の準備に時間がかかる。
□アクティブラーニングを取り入れた授業と言われても、いまいちピンとこない。
□授業中に寝る生徒がいる。
□授業担当教師の代替が利かず、年休を夏休みくらいにしか消化できない。

### 家庭で困っていること

□塾以外では勉強しない。
□勉強しても思うような結果が出ない。
□家に帰ったらスマホやゲームばかり。
□学校の話は部活の話ばかりで、勉強の話は一切出ない。
□子どもは一生懸命説明しているが、説明が下手で何を言おうとしているのか分からない。
□子どもがすぐに「やばい」という。
□「マジ卍」など、子どもが若者言葉を多用してうまくコミュニケーションが取れない。

これらの項目の中に一つでも当てはまる項目があれば、これから紹介する〝数楽すごろく〟を取り入れると、その状況が改善されるかもしれない。なぜなら、何を隠そう、これらの項目は筆者自身が今まで生徒を教えたときや保護者と話したときに直面した問題でもあるからだ。

**〝数楽すごろく〟**では勉強を楽しんでやれるだけでなく、友達に説明したり、友達の真似をしたり、体を動かしたり、勝ち負けに一喜一憂したり、人としてこれから生きていく上で大切になることまで網羅したつもりだ。講義を一方的に聞くだけの授業では、受け身の姿勢は変わらず、説明力の向上は望めない。単に問題を解くだけでは、すでに理解し終えた生徒にしてみれば復習の時間とプラスに捉えることも可能かもしれないが、他の生徒が解き終わるのを待っている間は何とも退屈な時間になる。

その点、〝数楽すごろく〟では、生徒が「**お助けカード**」を使わない限り教師の説明を聞けない仕組みになっているのに加え、対戦型ゲームの形を取り入れていることで運の要素も加わり、勉強ができる生徒もそうでない生徒もゲーム感覚で楽しむことができる。結果として、生徒全員が授業により前向きに取り組むのである。また、この〝数楽すごろく〟には生徒同士が説明し合わなければならない設問もあって、説明係の生徒は班員が分かるよう言葉を尽くさねばならない。この説明を通して、理路整然と説明する力の向上が期待され、授業以外でも文章の質、論理構成力も上がってくるだろうと考えている。

## 私の指導法実践例1　〝数楽すごろく〟のすすめ①

# 数楽すごろくって何？

近年、児童生徒の学力の低下が大きな問題となっている。インターネットの普及や通塾率の増加により、すぐに答えにたどり着くことだけを目標とする生徒が増え、考える力が低下している。そこで私が目指したのが、「〝計算はできる〟という状況から〝計算もイメージもでき、それを説明することもできる〟状態を作る」ということで、考案したのが〝数楽すごろく〟であった。これによって、生徒たちが抱く「数学(勉強)とは、難しいもの」というイメージの転換を図ったところ、結果として、「小さい頃からなじみのある〝すごろく〟を使ったら、数学が楽しい遊びになった」という評判を得て、大きな成果につなげられたと自負すらしている。

以下にまず〝数楽すごろく〟の目的・内容などを記したので、参考にしていただければと思う。

### 1　目的

(1) ゲームを楽しみながら、数学への苦手意識をなくす。

(2) 数学の実力を高め、知識理解を深めさせる。

（3）他者の説明を聞き、お互いに学び合う雰囲気を作る。

（4）やればできる経験を積み重ね、全国学力・学習状況調査などの長い文章題にもあきらめず立ち向かう心を育てる。

## 2 内容

（1）サイコロを使い、出た目の数だけ進み、ゴールを目指す。

（2）止まったマスの数学に関する指示に従う（言葉や図で説明、問題を解くなど）。

（3）問題が分からなかった場合は1マス戻る（これにより、もう一度説明する機会が生まれる）。

（4）すごろくをしている間、教科書やノートなどを自由に見ることができる。

（5）ぴったりとゴールのマスにたどり着かないと、その分だけ引き返す。

## 3 その他

（1）教科書の章ごとのすごろく、学年のすごろくを作ることで、いつでも取り組むことができる。

（2）既習事項の確認なので、数学の教員がつかなくてもできる。急な出張や年休の際、自習課題としても取り組める。

（3）準備するものはパワポで作成したシートのみで、駒には消しゴムなどを使う（ちゃんとした駒だと紛失の可能性があるため）。

（4）チャンスカードを作り、サイコロを2回振ったり、先頭の人が逆走するカードなども作成した。

（5）教科書会社ごとに作れば、どの教科書にも対応でき、全国で普及する可能性がある。

（6）教員が準備するものはパワポのシートとサイコロなので、他の教科でも応用はきく。

私がこの〝数楽すごろく〟を思い付いたのは電車に乗っているときだった。ちょうど正月明けの通勤日。正月の出来事を思い出していた。正月にはおせちを食べたり、かるた取りを息子とやった。そのかるたが「恐竜かるた」というモノで、恐竜の絵が描いてあるごく普通のかるただった。かるたのルールは至って簡単。読み札に書かれた内容を読み、その頭文字が書かれた絵札を探すというもので、この恐竜かるたも同様だった。私は4歳の息子に負けまいと必死で取ろうとするが、目で字を追う大人はシルエットが頭に入っている子どもには手も足も出ない。結果、取り札に10倍もの差が開いてしまったのだ。かるたに勝つたびに息子は得意気になっており、どんどん図鑑や本を読み進めている。自分のことを「恐竜博士」と言うようになり、かなり自尊感情も高まっているようだ。

子どもにとって「**学びはゲームである**」とつくづく思う。学習するというより遊んでいる感覚に近いのだが、大人よりもはるかに知識量が蓄えられている。知識が増えればさらなる発見があったり、今までになかった可能性に気づいたりなど、学びはワクワクを秘めている。〝数楽すごろく〟はまさにこれに注目

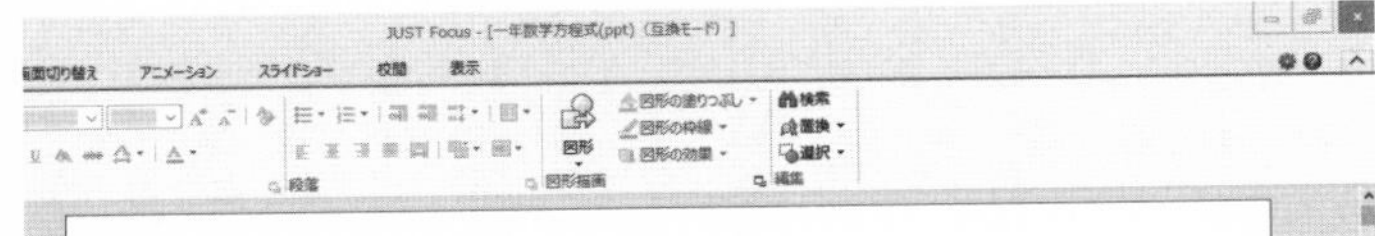


〝数楽すごろく〟のパワポでの作り方例

したことにより、得られたアイデアである。

かるたで重要なのが、**①ルールが簡単であること　②誰でも（3～4歳以上であれば）参加可能であること　③参加人数が3人以上であれば何人でもできること**の3点である。これを、数学に置き換えてみると、①数学自体のルールが難しい　②人によってレベルが異なるので、一人一人が違った問題に取り組む　③複数では学べない、という何とも言いがたい状況にあることが分かった。ということはつまり、この状況を打開さえできれば、多くの人に数学が受け入れられ、アイデア自体は他の教科にも応用が可能である。そのことに私は気づいたのだ。サポートがあれば誰でもできるモノと言えば、かるたに限らず、すごろくでも大丈夫なハズである。と言うより、スタートからあらゆる試練を乗り越え、一喜一憂しゴールを目指すすごろくの方がむしろ良いかもと思えた。そして、この試練の部分を数学の問題にして、遊び感覚で数学に向き合うことで、数学

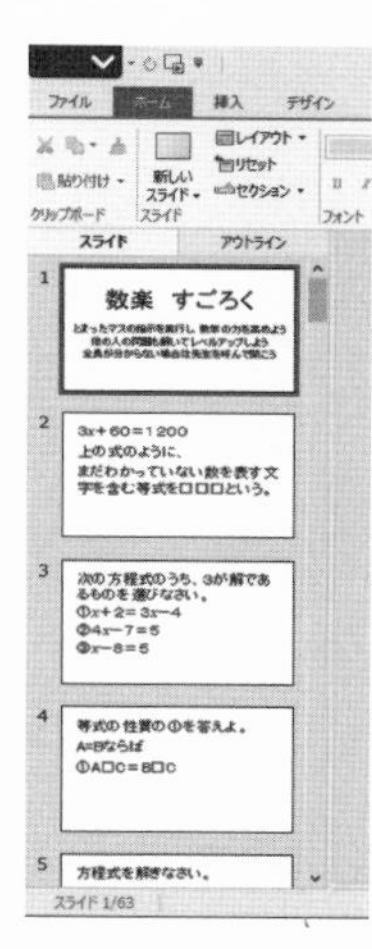


を学ぶきっかけにできればと考えたのである。

例えば、「共通因数を取り出す因数分解の具体的な問題を作り、解きなさい」という出題（試練）に対しては、自分で問題を作成するための知識や理解度が問われ、また、解くための技能が必要となる。〝数楽すごろく〟では、こういうマス目を複数作っておいて数学の理解を深めるのだ。マス目内の指示は教科書の例題でも、練習問題でも、考えさせたい内容でも何でも良い。マス目内の指示が実行できなかったら1マス戻り、目の出方により再チャレンジを可能にしておく。運良く（運悪くかもしれないが）違う目が出たら、その問題は次の機会に考えれば良く、できないとゲームの次に進めないということはなくなる。数学の力がなくても、サイコロの目の出方次第で前に進むことができ、人の発表を聞いて自分の力を高めることができる。また、内容（5）のゴールにぴったりとたどり着かなければ、逆に戻るので、ゴール付近に定着させたい問題を配置することで何回もその問題を解くことが可能となる。

至極簡単な説明だが、これが遊びながら数学力を高める〝数楽すごろく〟の概略であり、肝となるのはマス目（出題）の内容とその配置の仕方であることも十分にお分かりいただけたと思う。**楽習（がくしゅう）すごろく**（楽しく学習するための方法）として他の教科でも取り入れていただければ幸いである。

私の指導法実践例1　〝数楽すごろく〟のすすめ②

# 数楽すごろくのチャンスカード

〝数楽すごろく〟とは簡単に言えば、サイコロを振って出た目の数進み、マス目の問題を解きゴールを目指すものである。このとき、授業が盛り上がる要素としてチャンスカードの存在がある。パワポのシートは9枚のスライド印刷であり、複数枚のシートを使う場合は、九つ目のマスがチャンスカードをゲットできるマスとなる。まずは主なチャンスカード4種について、その内容を具体的に説明する。

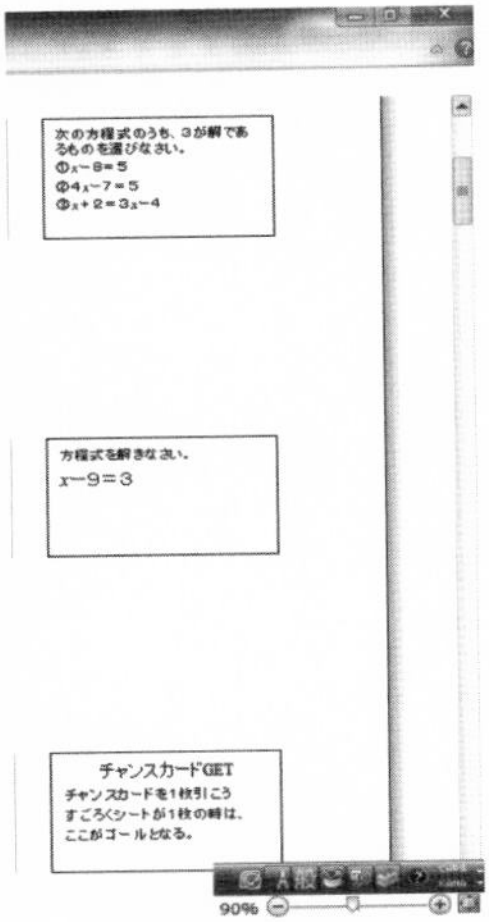


## ①召喚獣カード

召喚獣カードは、分からない問題が出てきたときに、召喚獣（先生）を召喚して、ヒントを聞くことができるものである。これは、人気テレビ番組『クイズ$ミリオネア』でのヒント取得手段の一つ「テレフォン」から思い付いたものである。〝数楽すごろく〟は、基本的には授業の内容がマス目となっているので、授業を理解して

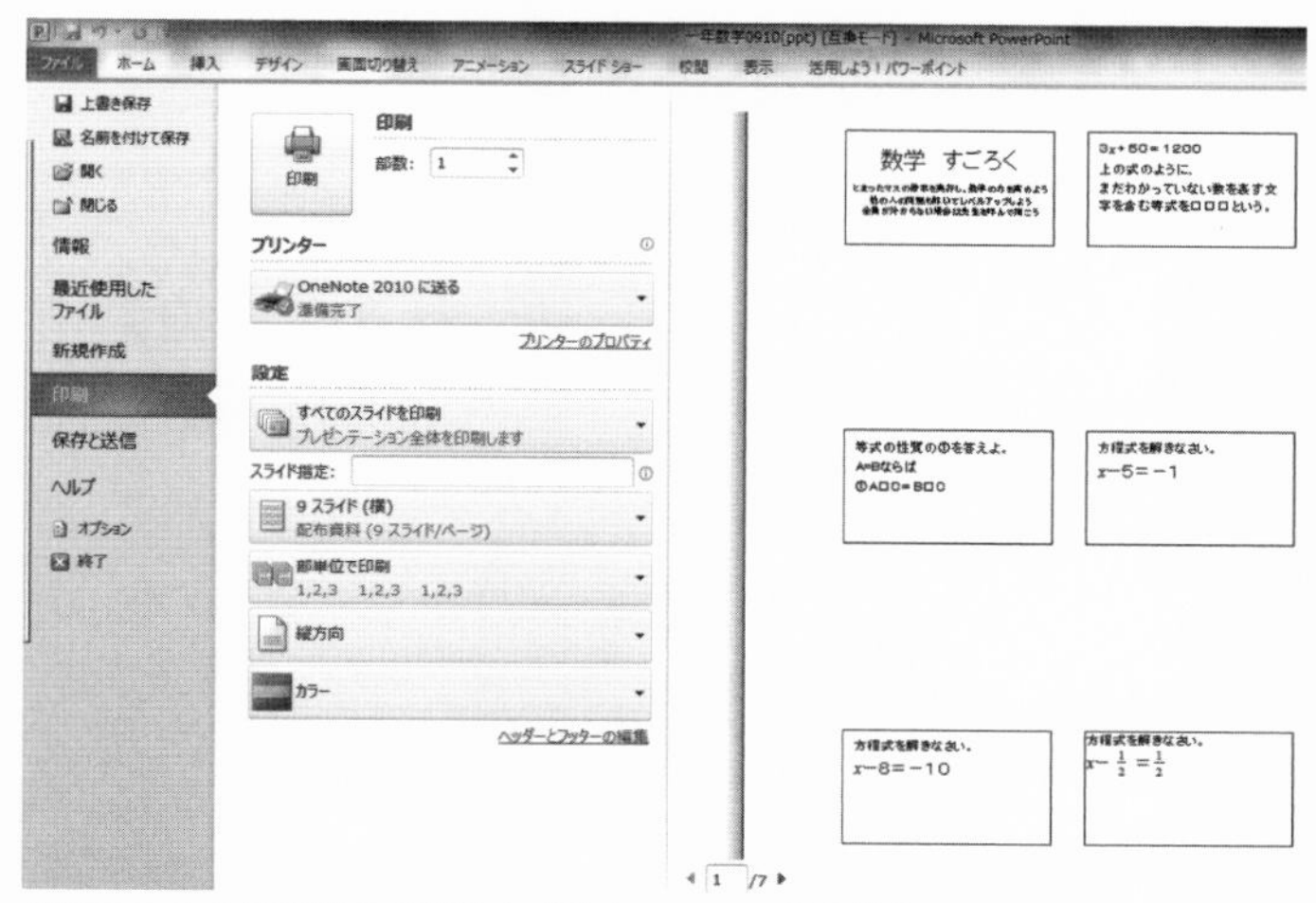

9枚のスライド印刷で〝数楽すごろく〟のマスが完成する

いれば、このカードを使う必要はない。

しかし、授業の理解が浅い生徒がいるのも事実だ。理解が十分でないときや詳しく説明が聞きたいときは、このカードを生徒はよく使う。さらに、1枚のシートに次の授業時間の内容が入っていたりした場合でも、塾や予習などで先取り学習をしていない生徒にとっては、かなり有効なカードとなる。

## ②ヘリコプターカード

ヘリコプターカードは、1位の人のところまでワープするカードである。数学が苦手で問題をあまり解くことができず、毎回1マスずつ戻っていたら先頭の生徒と差が大きく開く。また、純粋にサイコロの目に恵まれなかった場合などは、このカードを使って一気に優勝争いに躍り出ることができる。

### ③逆走カード

逆走カードは、先頭の人を逆走させられるカードである。先頭が3人並んでいる場合は、3人とも逆走させることができる、生徒に人気のカードの一つである。また、他の人がゴールした場合にもこのカードは有効で、ゴールした人をもう一度その争いのフィールドに引きずり込むことができる。自分が最下位であっても、このカードを使えば、優勝できる可能性がまだ出てくる。

### ④一発逆転カード

一発逆転カードは、桃太郎電鉄の急行カードと同じものであり、サイコロを2回振ることができる。2枚使えばサイコロを4回、3枚使えばサイコロを6回振ることができるため、先頭とかなり離された場合でも十分に追いつくことも可能となる。

### その他のチャンスカード

その他にも、牛歩カード(他のプレーヤーは1マスしか進めない)など、〝数楽すごろく〟が楽しくなるチャンスカードは随時生徒から募集しているため、こういうカードが欲しいなどと提案してくれ、意欲的にすごろくにも取り組み、自分のアイデアが採用された生徒は嬉々として〝数楽すごろく〟に取り組んでいる。

また、チャンスカードは先頭でない場合のみ使うことができるため、2位以下の場合は必ず先頭との差を埋められることとなる。

①召喚獣カード

🐼 召喚獣カード 🐼

•次回以降分からない場合は先生を召喚(呼ぶこと)ができる。先生から1回だけヒントをもらえる。

②ヘリコプターカード

🐼 ヘリコプターカード 🐼

•次回以降、1回だけ使うことができる。このカードを使えば、先頭の人と同じマスに行くことができる。ただし、ゴールを除く。

③逆走カード

🐼 逆走カード 🐼

•次回以降、1回だけ使うことができる。このカードを使えば、先頭の人(ゴールした人も)は、出た目の数戻る。

④一発逆転カード

🐼 一発逆転カード 🐼

•次回以降、自分が先頭でない場合に1回だけ使うことができる。このカードを使えば、さいころを2回振ることができ、2回の合計の値だけ進むことができる。

その他のチャンスカード

牛歩カード

•次回以降、自分が先頭でない場合に1回だけ使うことができる。このカードを使えば、次のターン、他のプレーヤーは1マスしか進むことができなくなる。

集まれ～カード

•次回以降、自分が先頭でない場合に1回だけ使うことができる。このカードを使えば、自分の位置に皆を集合させることができる。

チェンジカード

•次回以降、自分が先頭でない場合に1回だけ使うことができる。このカードを使えば、先頭の人と場所を入れ替わる。

## ——私の指導法実践例1　〝数楽すごろく〟のすすめ③

# 数楽すごろくのはじめ、なか、おわり

〝数楽すごろく〟は、班の代表生徒がシート、チャンスカード、サイコロを教員からもらうことから始まる。すごろくは取りにきた代表生徒から時計回りに進めるので、順番決めの無駄なじゃんけんなどなく、準備ができずにいつまで経ってもスタートしないということはない。〝数楽すごろく〟の導入当時は、この順番決めのじゃんけんに時間が割かれ、肝心の数学の問題に触れさせる時間が少ないと感じることもあった。今は、数多く問題に触れさせることができている。

〝数楽すごろく〟が目指す中核となるのは、やはり数学の力を高めるということに尽きる。

数学の授業内容は、1回で理解できる生徒ばかりではない。〝数楽すごろく〟導入前の授業では1回の授業でついていけなかった生徒は、その次の授業もついていけない。その結果として、数学が分からない↓数学の点数が下がる↓数学が嫌いになるという負のスパイラルに陥るケースも多く見てきた。

しかし、この〝数楽すごろく〟を導入してからは、同じ問題を10回くらい解くチャンスがあるので、従来の授業で理解できなかった生徒の多くがこれで理解できるようになった。また、ゴールのマスにぴったりと止まらない場合は前に戻るルールなので、ゴール付近に難しい問題を配置しておけば、かなりの生徒が思いのほかできるようになる。内容の理解が難しい生徒でも、友達が解いているやり方を見れば、少しずつできるようになり、実際、**最初1ケタの点数を取っていた生徒でも50点近く取れるようになった**。そうしたことが励みとなり、他の生徒も一層〝数楽すごろく〟に対して真剣に取り組むようになった。生徒には「自転車の理論」と言っているのだが、自転車も何回も練習すれば乗れるようになる。数学の問題も同じで、繰り返すことができるようになるための近道だと考える。

〝数楽すごろく〟の終わり方は、時間で区切る場合もあれば、全員がゴールした時点をもって終了とすることもあり、授業の中で時間を見ながらその時々で判断している。数学の授業の導入で使う場合は、前の授業の復習や今回の予習にスムーズに移行させたいため、時間で区切ることが多い。授業の中で確実に習得させたい内容があるときは、全員がゴールをするまでという条件ですごろくを行う場合もある。毎時間〝数楽すごろく〟を使っている私の授業パターンは主に三つある。①数楽すごろく（復習、予習）→講義→演習　②講義→数楽すごろく（内容定着）→演習　③数楽すごろく（復習、予習）→演習→数楽すごろく（内容定着）、である。

ちなみに、宿題のワークやノートのチェックは予習と復習を目的とした〝数楽すごろく〟をする際にできるため、生徒から授業以外で提出物を集めることはほぼない。これについては、授業内で評価まで完結できるということで、教師の働き方改革にもなると自負している。なお、〝数楽すごろく〟の教材を片付ける際には、「今日は着順〇位の人が片付けるように」と言い、ビリの生徒を片付け係にするのが決まりとならないよう配慮している。

## ――私の指導法実践例1　〝数楽すごろく〟のすすめ④

# 学びはゲームだ――人生ゲームと数楽すごろく

前頁で述べたこととといくつか話題が重複するが、〝数楽すごろく〟について、さらに詳しく紹介してみたいと思う。

数学はもっと楽しいものだ。「数が苦」と感じている生徒が多過ぎる。「数楽」と感じさせたい。そもそも学びは楽しいものである。3歳児を見てみると、いろんなことを試行錯誤しながら自分の満足する遊びを追及している。「数学を追及する」とは、どういうことだろうかと考えた。**「教科書『を』教えるのではない、教科書『で』教えるのだ」**と言われたことがある教員もきっと多いと思う。この『を』と『で』を私なりに追及した結果、〝数楽すごろく〟というアイデアに行きついた。

〝数楽すごろく〟とは、ゴールを目指してサイコロを振り続ける、あのすごろく遊びの数学版である。数学で学ばなければいけない事柄がマスとなっており、そのマスには説明させたり、歌ったり、踊ったり、計算したりと様々な指示が書かれている。指示がクリアできなければ元のマスに戻り、再度その指示のマスに止まるチャンスもある。何回も繰り返すことにより友達の説明を自分のものにし、友達が止まったマスを見ると自然にそのマスの指示を自分の頭の中で実行する。チャンスカードを得ることで数学が苦手な生徒もゴールまでたどり着くことができる。

それでは次に〝数楽すごろく〟を実践するに当たり、10の観点から検証していく。

## ①知識習得のロボット社会からの変革

学級経営がしっかりしている。必然的に授業規律がしっかりしている。授業に臨む態度が良くなる。学力向上につながる。でも、それって本当の学力向上なのか？　ただ本に書いてあるものを寸分たがわず再生できるロボットを作っているだけではないだろうか？　そうなってしまえば、学校は工場である。目標は「個性の尊重」などとカッコいいことを言いつつも、面白くもない他と変わらないロボットを大量生産しているだけである。〝数楽すごろく〟は、ざっくりとした指示のみで図などのヒント要素はないため、説明力や創造力がつく。自分で調べたり、他人の発表を聞くことで、さらに自分の考えが深まる利点がある。

## ②全国学力・学習状況調査から分かること

応用力いわゆる文章問題が苦手な生徒が多い。これは今の時代に限ってのことではない。応用力がないために、いろいろな社会の問題に対応できない人が多過ぎる。『種の起源』でダーウィンが「強い者、頭の良い者が生き残るのではない。**変化するものが生き残るのだ**」と言った。応用力なくして、今の時代は

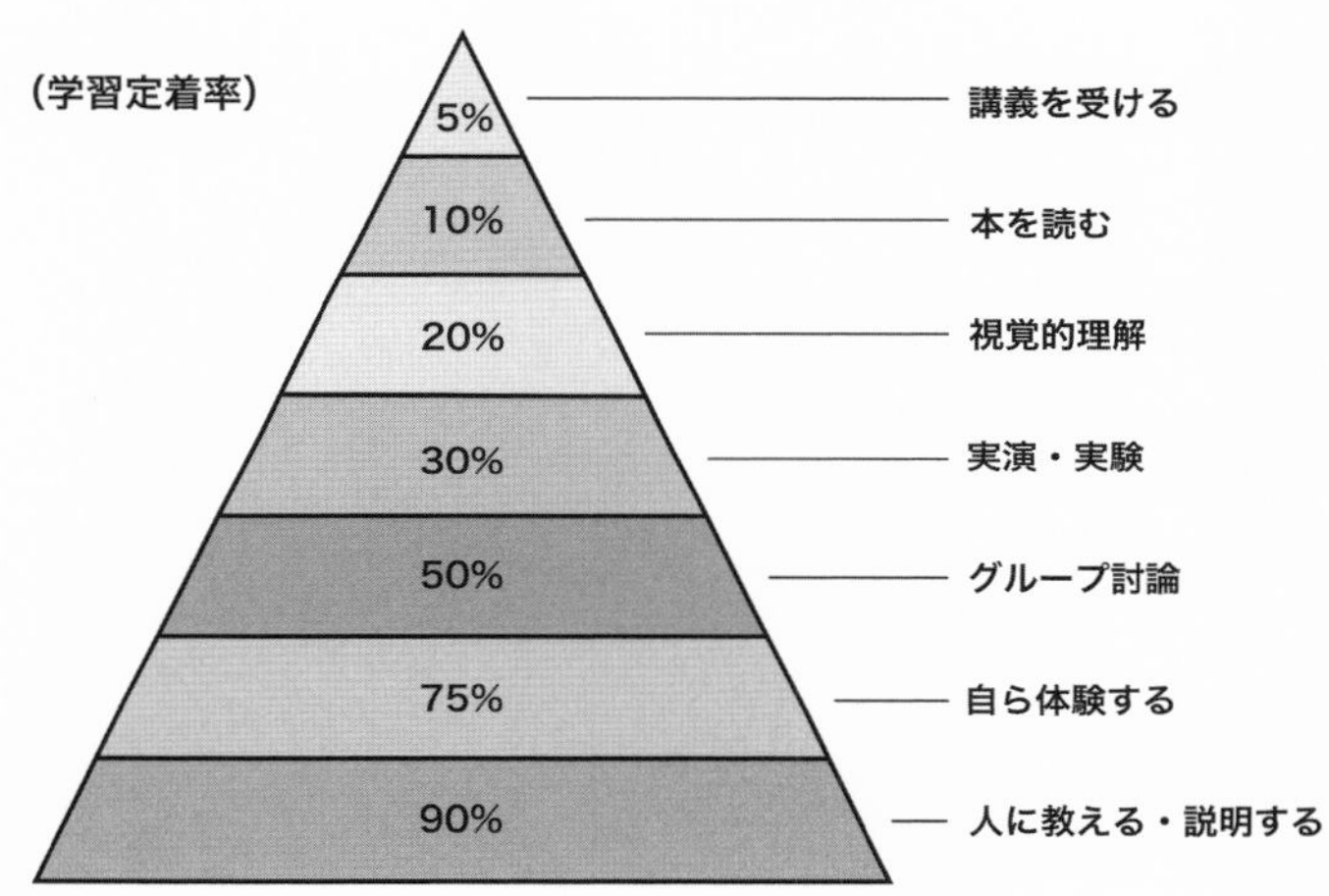


生き残れない。また、家庭学習の習慣が定着していないこともこの調査から分かる。自分で学びに向かう姿勢が薄れてきている。

家族がいても、孤食が進み、食事中の家族の会話がない。学ぶ機会はスマホ9割。もはや、子どもがテレビで情報を得る時代は終わった。情報を取りに行く能力が低い。「**失敗＝恥**」みたいな風潮があり、何でもチャレンジできていない。〝数楽すごろく〟は自分で情報を取りに行かないと始まらない。**ミスはつきものである。**早くゴールするために皆に分かる説明を工夫することができる。ラーニングピラミッドによると「講義を受ける」ことでの学習定着率は5％に対して、「人に教える・説明する」ことでの学習定着率は90％になる。学習内容が定着しないと応用力どころではない。定着率を向上させるためには、生徒の説明を重視させる必要がある。

### ③数学の本当の力をつけさせるための準備

まずは興味を持たせることが大切である。しかし、教科書の内容は必ずしも興味が持てる内容ばかりではない。そもそも熱中しない。スマホやゲームは熱中し、時間も忘れるが、教科書は熱中できないばかりか、時に睡眠導入剤になることだってあり得る。興味をひくには中毒性が大切である。狩猟民族であった遺伝子に働きかけ、他者と競争させる。勝った負けたを数多く経験して、工夫が生まれる。

### ④他者の力を借りてインプット

自分の力で教科書を読み、インプットできればそれに越したことはないが、その手助けとして学校が存在する。教員は説明のプロだ。大人が聞けば分かる説明ばかりだが、生徒はいつも理解できているとは限らない。時に、「**教員の説明よりも生徒の説明の方が分かりやすい**」と生徒自身がつぶやくほどだ。教員は大局観に立った説明が、生徒は生徒目線の説明ができる。その良さを使わない手はない。指導力や説明力は教員の方が上でも、共感力は生徒の力にはるかに及ばない。

### ⑤トライ&エラーのアウトプット

まずはチャレンジしてみること、そして失敗すること、この繰り返しが工夫を生み、定着の後押しになる。〝数楽すごろく〟では、すごろくで止まった先のあらゆる指示を実行していかなければならない。もしそれが実行できなかったら1マス戻るルールがある。たとえ、実行できなかったとしても、友達の説明を聞いて、再び挑戦することも可能である。なぜなら、1マス戻るということは、次の自分の番でサイコロの1の目が出たら、またその指示を実行するということだからだ。1の目以外が出たとしても、「次、同じマスに止まったらこういう説明をしよう」と頭の中では考えているため、そのマスに止まらなかったとしてもかなりの学びがある。

現在、急速に成長しているAIですら、「トライ&エラー」で学び続けている。失敗しても「次こそは!」と前を向き、工夫をする、人間の「自己実現欲求(マズロー)」を刺激する教材である。

## ⑥自分で調べて、自分で解決する力が身につく

調べる力に限っては、生徒の方が上である。しかし、インターネットにその情報がないと、すぐにあきらめる傾向にある。インターネットへの依存度が高い生徒ほど、インターネットが使えない学校の学習環境に不適応を起こす。また、その調べたものが正しいのか正しくないのかの判断ができていない。学校で調べると言ったら、まずは友達に聞くことが一番手っ取り早いだろう。説明する友達も力がつくし、友達に真剣に説明されて、きちんと聞かない生徒はいない。少なくともその質問は理解しようと学びにも意欲的になる。友達も分からない場合は、教科書や資料集で調べることになる。

私の授業では、『数学の泉』という資料集を使っており、3年分の数学の情報が網羅されている。インデッ

クスもついているため、すぐにアプローチしやすい利点もある。ものの調べ方、自分で解決する力を習得させることで、他の教科にも応用ができる。

### ⑦高校入試は素因数分解

数学に限ってのことであるが、高校入試は、中学教科書に載っている問題を組み合わせただけであり、分解するととてもシンプルに解くことができる。問題を分解したときに「あ！　これは○○の分野だ！」と分野ごとに整理されていれば、いとも簡単に解ける。しかし、整理されていない生徒の点数はいつまで経っても伸びない。高校入試までの数学は整理整頓力である。応用力なんて必要ない。そのためには、確実な知識を習得しておかなければならない。人間は忘れる生き物であるから、思い出すきっかけをどれだけ作れるかが大切である。〝数楽すごろく〟は自分で説明したり、友達と学んだり、ゲーム感覚でできることから、思い出すきっかけとして最適である。

### ⑧新しい大学入試を見据えて

難しい大学入試に挑むためには、課題を把握し、読み込む能力が大切になってくる。問題文が長い文章であることは間違いないので、日頃から意識して取り組む必要がある。新聞や新書など、自分が苦手とするジャンルに挑戦していかなければならない。以前、『AI vs. 教科書が読めない子どもたち』（新井紀子著）

を読んだが、昔よりもはるかに丁寧に書かれている今の教科書すら読めない子どもが、それよりも読解力を必要とする新聞や新書に挑戦するわけがない。だからこそ、まずは教科書を読み解く力をつけさせなければならない。その教科書をさらに噛み砕いたのが〝数楽すごろく〟である。

## ⑨大学、会社で必要な力と数学の関係

社会人になれば、中学校の数学は必要ないと言う人がいる。それは、中学校までの数学をきちんと理解していないからである。きちんと極めた人の意見を聞くべきだ。中途半端に取り組んだ人には、それなりの結果しかついてこない。中学レベルの数学なんていうのは、高度な技術を必要とする人からすれば、なんら難しいことではない。社会に出た大人が数学なんて必要ないと言うならば、それはその人の職業になるには、小学校レベルの知性で大丈夫であるということを宣言しているようなものであり、自分の仕事を卑下した見方である。

中学生が多くつまずく分野として、「証明」がある。しかし、この「証明」は理路整然と話す基礎であり、弁護士や検事などの職業でも自分の主張が正しいことを伝えられた方が裁判では勝つ。日常生活でも、人を説得したり、納得させたりすることに必要な場面は多々ある。最近、「Ｓｔｏｐ！　詐欺被害」という標語があるが、きちんと仮説を立てて、結論まで予想できる人はそうそう騙されない。詐欺グループの証明力、数学力が騙される人よりも勝っているのである。だからこの詐欺被害を止めるためには、中学校の

「証明」くらいはきちんとできるようにならなければならない。

## ⑩世の中生きていく上で数字に強いことに超したことはない

数字が読めない大人が多過ぎる。食塩水の濃度の問題や割引などの％を扱う問題に拒否反応を起こす生徒を幾度となく見てきている。実社会に出ればその苦手意識も少しずつ薄れてくるが、やはり計算できることは武器である。

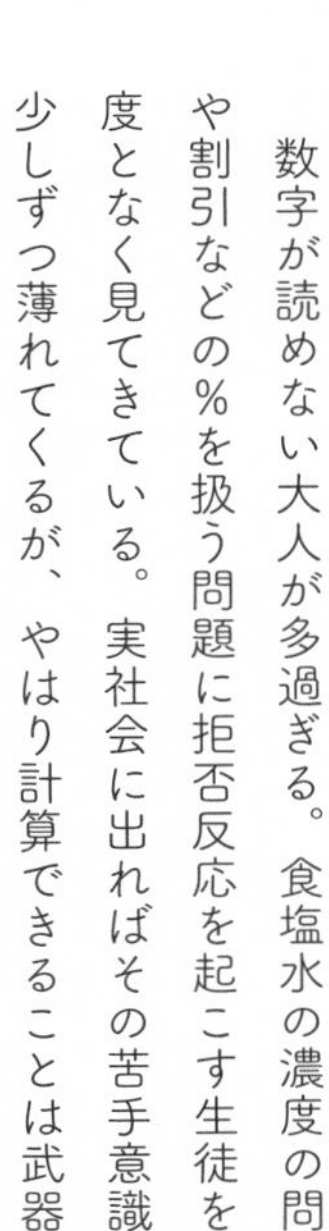

私は、たまにアウトレットショップに買い物に出かけるが、そこでよく目にするのが、店内商品全品30％割引、そしてさらに2点購入すればさらに20％割引という類いの文言である。しかし、そう言われても、いったい元の何％払えば購入できるのか分かるだろうか？

数字に弱い人であれば「30％と20％で半額かあ。安いな」なんて思うかもしれない。しかし、そんなことはない。Aの商品の定価が10000円、Bの商品の定価が

5000円だったとする。まず30%の割引でA、Bの合計金額は7000円+3500円=10500円である。10500円の20%引きの値段は8400円である。ここに10%の消費税が加算されると9240円になる。数字に弱い人であれば、15000円の半額で7500円くらい払えば良いのではと思うだろうが、実際にはほぼ10000円払う羽目になる。アウトレットを利用している人は思ったよりも見かけの数字に騙されているのかもしれない。やはり、数字には強くなくてはならない。数学嫌いは数字も嫌いである。好きは遊びやゲームから生まれるときもある。遊びやゲームを通じて、数字に強い子どもを育てよう。

今、つけなければならない力とは何なのか。教育者として、このことは常に意識していかなければならない。

私が一番につけさせたいと意識していることは「**やり抜く力**」である。『やり抜く力 GRIT（グリット）』（アンジェラ・ダックワース著）という本を読んで以来こう思っている。確かに、興味を持たせることや友人と協力することも大切である。しかし、それらは「やり抜く力」に全部含まれている。一次関数の仲間に比例があるのと同じで、「やり抜く力」と他の力は包摂関係にある。この「やり抜く力」をつけさせるための最初のステップとして、ゴールが明確に設けられていて、そのゴールを目指す〝数楽すごろく〟に取り組んでもらえれば幸いである。

## ――私の指導法実践例2

# 数学問題からの声

私自身、難しい応用問題を解くことは苦手な方であったし、生徒から入試問題や塾の問題を質問されると、身構えたり、時に解くことができなかったりして恥ずかしい思いをしたことがある。3年生を受け持つたびに「できるだけ簡単な問題を質問してくれ、難しい問題は私に聞かないでくれ」と願っていたが、その願いは叶うはずもなく、毎回のように自分の力のなさを実感していた。そんなある時、数学の問題から〝声〟が聞こえてきた。声と言っても〝対話〟のようなものである。自分が困ったことを問題に伝えると、必ずと言っていいほど質問を返してくるのだ。

数学問題からの声なんて生徒に言うと、「こいつ頭おかしいのでは?」とよく思われる。しかし、きちんと説明をすると、みんな納得して「数学の問題の声を聞きます」とか「他の教科でも声を聞けるようになります」と答えてくれる。

数学の授業では、1単位時間当たりの学ぶ量はそれほど多くない。私も授業をしていて、こんなにもゆっくりなペースで進めていいのかといつも考えている。生徒も同じようなことを考えている。だからこそ、1時間の授業では多くの生徒が理解できているし、練習問題もすらすら解ける。定期テストでも、教科

書の練習問題レベルであれば、かなりの正答率になる。それはどうしてか？　一つの知識しか問わない単純な問題にしているからだ。

その一方で、教科書の章末問題や定期テストの見方考え方の問題になると、とたんに正答率が低くなる傾向がある。これは、その問題の細分化ができていない、つまり数学問題の声を聞くことができないからである。細分化とはどうすることか、これは応用問題を今までに習った知識に細かく分解し、一つ一つ課題をクリアしていくことである。

例えば、ある関数問題で、グラフの面積を問う問題があったとする。この問題を細分化すると、「①グラフの傾きや切片を使ったり、大きな四角形から要らない部分を切り取ったりし②二直線の式の交点は連立方程式の解　③三角形の面積は公式て求める」などである。このときに、いきなり③の面積を出そうとしても、そんな簡単に答えを出すことはできない。しかし、面積を出すというゴールは見えている。このゴールから逆算し、

「面積を出したいんだけど、困ったな」と心の中でつぶやく。そうしたら問題が「どうして困っているの?」と聞いてくる。「辺の長さや高さが分からないからだよ」とつぶやくと、「何があれば辺の長さや高さが出せるようになるの?」とまた聞いてくる。「この座標とあの座標が分かれば引いて長さを出せるんだけどな」とつぶやくと、「この座標はどうやって出すの? 今までにどんな座標の出し方を練習した?」と聞いてくる。そんなことを繰り返しているうちに③②①の順番でスタートに戻り、解法が見えてくるというものだ。

そういう〝対話〟を繰り返していくうちに、生徒も教師も、いろんな問題に応用することができるようになってくる。この課題がクリアできれば、この問題を解くことができると、見えてくるようになる。だから私はこれからも数学の問題の声に耳を傾ける。**数学問題は叫んでいる。「気づいて。1回学んだはずだよ。思い出して。私のこと忘れたの?」**と。

学習の状況を確認するテストだからこそ、習っていない知識はない。うまく組み合わせていないか、忘れているか、ただそれだけだ。そこに気づけば、他の教科や大学入試にまで応用が利く。大学に入ってからは? そこからは学問なので、さらに本質に迫ってほしい。

――私の指導法実践例3

## 数学のダンス

中学校には「数学は嫌いだけど体育は好き」と答える生徒が多いと感じるのは私だけであろうか。

私が勤めている学校では県の学力・学習状況調査や全国の学力・学習状況調査で、いつも平均を下回っていた。それがある時、校長との面談で「来年は全国平均を2ポイント上回ってやりますよ」とノリで答えてしまったのが運の尽き、校長は後日開かれた保護者会の場で「来年の数学は全国平均を超えます」と宣言してしまったのだ。そこで私が受けたものは、「そんなこと本当にできるの?」と言わんばかりの保護者の視線であった。まさに〝穴があったら入りたい〟心境になって、あんなこと校長に言わなければよかったと後悔しながら肩身が狭くなったのを今でも鮮明に覚えている。

しかし、話がそういうことに決したのなら、もう四の五の言わず有言実行するしかなかった。私の学校の平均は全国平均よりも5ポイントくらい低いだけだ。すべての生徒が2～3問多くできれば可能性は出てくると考えた。まずは手始めに空欄をなくすこと、間違いを恐れないことを徹底的に指導した。時に学力が高い生徒にわざと間違えさせてそれを皆で見つけるという授業も実践した。難しい問題を考えさせる授業も行った。少しずつ手ごたえは感じ始めたが、なかなか数学嫌いはなくならない。どうすれば、数学を楽しんでもらえるかなと思っていたときに、永野という芸人の「ピカソより普通にラッセンが好き～」というネタを真似している生徒がいたことを思い出した。「そうだ！　これだ！　この動きを数学に取り入れれば、テレビでこの永野さんを見たときに数学について思い出してくれる生徒がいるかもしれない！」と考えた。

数学嫌いの体育好きの生徒だからこそ、できることもあるはずだ。体を使って覚えれば、とりあえずつまんなくて寝る生徒は減るはずだと何ともマイナスな思考から「図形の調べ方（中学2年生の範囲）リズムで覚えよう」というものを作った。何回も家で練習し、妻に笑われたが、やればやるほど本気になった。もちろん、授業で必死に踊った。最初は、生徒に「（力久先生は）かなりヤバイやつかも」と警戒されていたが、少しずつ打ち解け、クラス全員で踊ることができた（勇気をもって最初に踊ってくれた男子に感謝です）。数学の授業であんなに汗をかく日がくるとは思いもしなかった。

「対頂角はここところ♪　同じ位置の角　同位角♪」とか歌うのだが、音だけではなかなか伝わらないので、振り付けはマストだ（笑）。高校でやったら人気者になれるぞと生徒に言ったが、動きがなかなかダイナミックなため今もやっている生徒は少ないのではないだろうか。しかし、5年後、もし成人式に呼ばれたら多くの生徒が体で覚えていることは断言できる。もちろん、数学の歌も作り、CD作成も考えたが先を越されてしまった。しかし、**数学をダンスで教えるのは日本で私一人かもしれない**。

他の実践もあるが、なんとかすべての数学の分野で全国平均を上回れたのは、この授業があったからだと思っている。

埼玉県でも、このダンスのことはかなり注目を浴びており、学力調査で大きな伸びが見られた教員の実践報告会に呼ばれた。しかし、私は「秘伝のタレはそんなやすやすと見せられるものではない」との校長の受け売りの言葉をとてもやんわりと伝え、あとでお叱りの電話が入ってくるかもとびくびくしながら、会場を後にした。

「学びは興味から、興味は楽しさから、楽しさは工夫から」――こんな言葉を大切にして、私は今後も生徒の力を伸ばしていきたい。もし、この〝数学のダンス〟や〝数楽すごろく〟に興味がある、もしくは協力してくださる出版社の皆様、ご連絡お待ちしております。

――私の指導法実践例4

# 数学の歌（替え歌）

「どんな民族にも音楽があり、心のよりどころとなっている」――これは私の持論であるが、あながち間違いではないだろう。リズムを刻み、音を楽しむ、誰もが小さい時から親しんでいるものだからこそ伝えられるものがきっとある。これが、私が数学の歌を作ろうと思ったきっかけであった。

歌というものは言葉をつなぎ合わせているため、歌中にある言葉が出てきたらそれに付随して他の言葉も覚えられるという側面がある。例えば、幼児期に慣れ親しんだ童謡「かえるのがっしょう」では、「かえるのうたが」の歌詞の後に「きこえてくるよ」と続くように、歌には流れが存在する。歌はストーリーである。

小さい子が作る替え歌では変な歌が多いが、伝えたいことがよく分かって、思わず笑ってしまうことも多々ある。ここに数学の歌のヒントがある。一見、覚えづらい事柄であっても、リズムを刻んだり、ストーリー化することで格段に覚えやすくなる。

数学は覚える項目が少ないとはいえ、やはり公式や性質など必要最低限の暗記項目は存在する。授業中、生徒は授業内容をよく理解しており、教えている私も手ごたえを感じることはよくある。しかし、生徒は

時間が経つと授業の内容を忘れてしまい、テストの点数になかなかつながらないことが多かった。復習が足りないと言われてしまえば、それまでなのだが、もっと記憶に残る教え方はないかとしばしば考えたものだ。

そんなあるとき、『となりのトトロ』の「さんぽ」の歌が耳に入ってきた。「**皆が覚えている歌ならば、替え歌もすんなりと受け入れてもらえるかもしれない**」と思い、早速、替え歌を作り始めた。効果は絶大だった。休み時間にも歌う生徒が出てきたり、生徒同士で教え合う際にも自然にこの歌を使う生徒が出てきた。

替え歌のもとになっているのは「さんぽ」「ドラえもんのうた」、「雪見だいふく」のCMソング、アニメの『アタックNo．1』の主題歌など、人生の中で1回は誰もが聞いたことがあるものを選んでいる。そして、できた替え歌は「二等辺三角形の性質」「平行四辺形の定義や性質」「二次方程式の解の公式」「中点連結定理」など様々な分野を占める。

生徒が1年間の学習を終えたときに、お礼の手紙をくれたりするのだが、数学の歌についての評価は高い。学校の帰り道で歌ったり、お風呂に入っているときに歌ったという声もたくさん聞いている。そうした感想をもらう中でもとくに嬉しかったのが、「数学は苦手だったけれど、好きになった」という生徒が多くいたことである。私は年間のテーマとして、数学の授業が**「数が苦（く）」から「数楽」へ**変わっていくことを掲げているので、これほど嬉しいことはなかった。教え子の中には、塾や高校でもその歌を披露する生徒もいて、若干恥ずかしいが嬉しさの方が勝る。

「**難しい**」を「**簡単**」へ、「**苦手**」を「**得意**」に。数学の歌がその一助となれるよう、これからも替え歌を作り続けていく。目の前の子どもたちのために！

私の指導法実践例・注意事項

## 実戦までの六つのステップ～模倣のワナ～

どんな物事の取り組みにおいても、**①共感し ②興味を持ち ③模倣し ④試行し ⑤改善し ⑥実践する、**という流れはさほど変わらない。

例えば、「数学の図形はややこしい。覚える性質が多い」ということについては共感する生徒も数多くいる。だからこそ、この歌を知っていればきっとできるようになる、なんてことを言われたら、苦手に思っている生徒ほど興味を持つことがある。そこから歌を歌い、練習させ、自分のものにしていくのだが、ここで問題が出てくる。③の模倣である。教師が生徒に教えるときは、この問題は発生しない。教師がある教師の真似をしたいという際に発生する問題である。「あの先生だからできるのであって、私には無理」という状態である。③がうまくいけば④⑤⑥は結構順調なことが多い。やはり課題は③である。

私が授業研究会を見に行ったときによく感じることは、「ここまで準備するのにどれだけ時間がかかったんだ？　授業の前に2時間くらい準備したやろ？　そないにヒマなやつか、今日の日のために数カ月前から準備してましたみたいなやつにしかできひんわ！」といったことである。いくら良い授業でも、普段の授業ではそんなに時間をかけられない。教材研究をする時間がとれないくらい忙しいのが、今の教師の

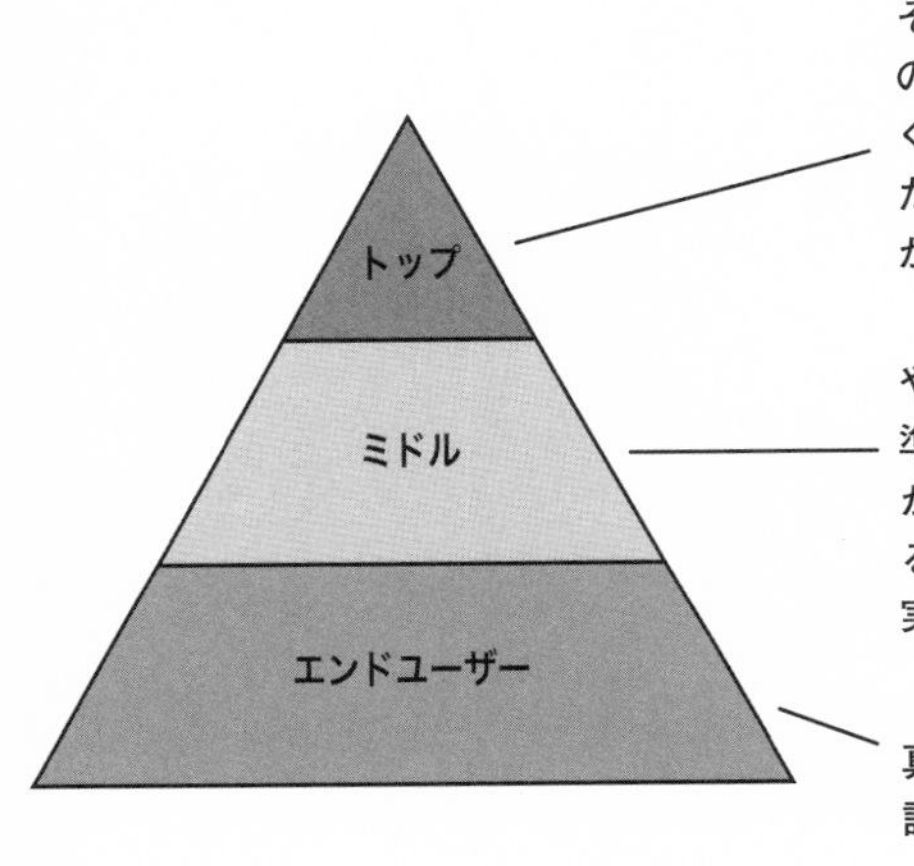


現状である。だからこそ、③の模倣をするためには誰でもできる、すぐにできるというエンドユーザー的感覚が大切である。トップユーザーの真似はそんなたやすくできるものではない。トップユーザーだけの取り組みにせず、エンドユーザーが実践できる取り組みこそ良い取り組みと考える。

歌やダンスはその単元でそのまま使える。すごろくはパワーポイントのスライドに覚えさせたい項目とヒントカードの項目を作って印刷して完成である。数学に限らず、すべての教科で応用が可能である。誰でもできて汎用性が高い、思い立ったら明日でも真似できる、大した準備ではないのに生徒はすごく楽しみ学習することができる――〝数楽すごろく〟はそんな取り組みだ。

どんな良い授業でも以下の3点を念頭に置きたい。

①すぐに真似できるか　②誰でも真似できるか　③費

用対効果は高いか。トップユーザー向けかエンドユーザー向けか瞬時に判断することで、授業研究会への参加の意識が変わり、後に自分の授業の幅が広がる。誰にでも真似ができるこの〝数楽すごろく〟が〝学習すごろく〟となって、日本の多くの生徒たちが「**学ぶって楽しいな**」と感じてくれることを願ってやまない。

# あとがき

「教員として生徒に語りたい35の言葉」――これは当初、拙著の表題にしようと思っていた言葉である。本編で記した通り、学校では4月に生徒に出会った最初の3日間を**「黄金の3日間」**と言い、大切にしている。しかし、私自身はかつて、黄金の3日間にこだわればこだわるほど燃え尽き症候群になり、残りの197日をもったいない使い方をしていた。

大切なのは200日すべてであり、生徒とともに作れるものについては、いつでも何でも一緒に作ればよい。初日に用意するクラスの名簿の飾り付けなんて、後日に回して学級会で話し合えば、とても良いものができる。年35週の月曜日の朝の会で、1週間が楽しくなるような、また、生徒に深く考えさせるような話ができる教員が増えれば、生徒も学校がさらに楽しくなる。**「35の言葉」**がそのヒントになればと思ったのだ。しかし、語りたいことがあっちへこっちへと行ってしまいそうだったので、『ワクワクしないとつまらない ~現場発 教育のヒント集~』とし、自分の考えをまとめたものとなった。

これは持論でもあり、本来は自明の理なのだが、学校は生徒とともに創るもの。学校は生き物であり、教室は生ものであり、昔から変わらない不動のやり方などそもそもないのかもしれない。だからこそ、そこに関わる者は常にアップデートしていき、不要な部分は見直していく必要がある。

それは教員の働き方についても言える。8時に出勤、5時に退勤ができることは適正な仕事量を表している一つの目安である。教員の給料が見直されないのも、今の働き方の問題点である。8時間の残業代しか出ないならそれ以上働けばただ働きである。時間外労働をする教員が学校に一人や二人いてもいいが、全員が強いられているのではと思うような状況であり、ブラックと呼ばれても仕方がない。

変形労働時間制は、ブラックの現場にさらに拍車をかけている。優秀な人ほど学校を去っていくのも致し方ない。パソコンが得意だったかつての同僚は、学校内のあらゆるパソコン業務を任され、担任も任され、生徒指導を押し付けられ、そして職場を去った。同じ学年担当だったがゆえに余計に、当時の自分の無力さとその先生を失った喪失感、学校への強い憤りがあったことを今でも覚えている。

その一方で、数学教師として歩み始めた私がしばらく抱いていたのが、どうしたら数学の力をもっとつけさせることができるだろうかという悩みだった。

「数学」は小学校からの積み重ねである。勉強はそもそも既習事項の積み重ねである。前が分からないと後は分からない。「数学」だけではなく、どの教科の教員も「どうしたら自分が受け持つ教科の力をつけさせることができるだろうか」と考えたことは多いだろう。魅力的なゲームが多く、友達との連絡手段もスマホ、スマホさえあれば何でもできると思っている生徒を、どうすれば授業で惹きつけられるのか。これは、教員一人一人が課題としなければならない。そんな中、子どもを惹きつけられたのが〝数楽すごろく〟だった。これを少しでも世に広め、生徒の数学嫌いをなくしたいとの思いで記したのが、本書の第2部である。

『チコちゃんに叱られる！』というNHKのテレビ番組の中で「ボーっと生きてんじゃねーよ！」と少女のチコちゃん（5歳児で頭部CGの着ぐるみキャラクター）が質問に答えられない大人に対して言い放つ決めゼリフがある。私はその言葉を聞くたびに、もっと自分から情報を取りに行こうと考えるようになった。父が特許を取得していることもあり、発明には興味があった。〝数楽すごろく〟は発明とまではいかないが、ボーっと生きてきた後のひらめき程度以上にはなっていると思う。現場発のプチアイデアとして世に広まったら幸いである。

本書を締め括るに当たり、ひと言。文豪ヴィクトル・ユーゴーはかつてこのように言った。

「**子どもの心に種を蒔こう。正義を与え、歓喜を与えてあげよう。子どもを育てながら、我々は『未来』を育てているのである**」

私はこれからも、自分の教育が子どもの未来を育てているという崇高な使命のもと、現場の声を世に伝えていきたい。

末筆ながら、本著の執筆・出版に当たっては多くの人々のご協力をいただいた。担当編集者の方々はもとより背中を押して下さったたくさんの先生方、そして妻に対し、心からの感謝を伝えて、ひとまずは筆をおくことにする。

令和2年8月28日

力久晃一

# 参考文献一覧


［第1部］

●消しゴムバトルから学んだこと

『史記「人間関係力」の教科書　臨機応変のリーダーシップ論』守屋洋 著

『察しない男 説明しない女』五百田達成 著

●ヒマさえ技術

『幸せになる勇気　自己啓発の源流「アドラー」の教えⅡ』岸見一郎・古賀史健 著

『さる先生の「全部やろうはバカやろう」』坂本良晶 著

●ワクワクしないとつまらない

『お任せ！ 数学屋さん』向井湘吾 著

『水滸伝』（全19巻）・『楊令伝』（全15巻）・『岳飛伝』（全17巻）北方謙三 著

●なぜ給食の飲み物は牛乳なんですか？
『給食の歴史』藤原辰史 著

●褒め言葉の5S＋2K——教員の口癖にしたいもの
「高校生の心と体の健康に関する意識調査報告書―日本・米国・中国・韓国の比較―」国立青少年教育振興機構
青少年教育研究センター 編

●職員室はズルくていい
『仕事を大切に、転職は慎重に。～自分の仕事を見つめ直す42のスタイル～』越智通勝 著

●ジャムの法則
『選択の科学』シーナ・アイエンガー 著　櫻井祐子 訳
『通常学級のユニバーサルデザイン プランZero』阿部利彦・授業のユニバーサルデザイン研究会湘南支部 著
『「学力」の経済学』中室牧子 著

●良い職業、悪い職業って何？
『筆談ホステス』斉藤里恵 著
『桜梅桃李 ― 柴田理恵のワハハ対談！』柴田理恵 著

●白マスクと黒マスク

●髪型、髪の色、ファッション

『ブラック校則』涌井学著　此元和津也脚本

『ブラック校則　理不尽な苦しみの現実』荻上チキ・内田良 編著

●「ブラック部活」と呼ばれても

『ブラック部活動　子どもと先生の苦しみに向き合う』内田良 著

『「ハッピーな部活」のつくり方』中澤篤史・内田良 著

●いじめ問題

『死ぬんじゃねーぞ!!　いじめられている君はゼッタイ悪くない』中川翔子 著

●謝り方を知らない

『大津中2いじめ自殺』共同通信大阪社会部 著

●理想とはほど遠い席替え〈席替え考・その1〉

『ザ・席替え　席が替わるとクラスが変わる』家本芳郎 著

● 教室は無菌室〈席替え考・その2〉

『無菌室ふたりぼっち』今田俊 著
『いま「クラス会議」がすごい！』赤坂真二 著
『対話でみんながまとまる！ たいち先生のクラス会議』深見太一 著

● 働き方改革

『迷走する教員の働き方改革 変形労働時間制を考える』内田良・広田照幸・髙橋哲・嶋﨑量・斉藤ひでみ 著
『学校の「当たり前」をやめた。 生徒も教師も変わる！ 公立名門中学校長の改革』工藤勇一 著

● 定時に帰る覚悟

『わたし、定時で帰ります。』朱野帰子 著
『ONE PIECE』尾田栄一郎 著

〔第2部〕

● 私の指導法実践例1 〝数楽すごろく〟のすすめ④ 学びはゲームだ——人生ゲームと数楽すごろく

『種の起原』チャールズ・ダーウィン 著 八杉龍一 訳

『AI vs. 教科書が読めない子どもたち』新井紀子 著
『AIに負けない子どもを育てる』新井紀子 著
『人間性の心理学』A・H・マズロー 著　小口忠彦 訳
『マズローの心理学』フランク・ゴーブル 著　小口忠彦 監訳
『中学数学資料集　数学の泉』数泉編集部
『やり抜く力　GRIT 人生のあらゆる成功を決める「究極の能力」を身につける』アンジェラ・ダックワース 著　神崎朗子 訳

**●私の指導法実践例2　数学問題からの声**

『悪魔とのおしゃべり』さとうみつろう 著

**●あとがき**

『ユーゴー全集』ヴィクトル・ユーゴー 著　神津道一 訳

著者紹介

力久晃一（りきひさ こういち）

1989年1月23日生まれ。佐賀県武雄市出身。創価大学工学部情報システム工学科卒業。

埼玉県（川越市、富士見市、東松山市）で公立中学校教員（数学科）10年目。

『数が苦を数楽へ』をテーマに『数楽すごろく』で授業を展開、全国学力・学習状況調査において大きな伸びが見られた授業として注目を浴びる。2019年度埼玉県連合教育研究論文で新人奨励賞を受賞。

USKアームレスリングクラブ埼玉支部代表。腕相撲三段。

Twitterでは、リキラーの名で現場の声を届けたいとの思いで活動中。

同じ佐賀県出身の北方謙三氏の大水滸伝シリーズが愛読書。

イラスト　尾崎美羽

**ワクワクしないとつまらない 〜現場発 教育のヒント集〜**

2020年9月9日　第1刷発行

著　者　　力久晃一
発行人　　久保田貴幸

発行元　　株式会社 幻冬舎メディアコンサルティング
　　　　　〒151-0051　東京都渋谷区千駄ヶ谷4-9-7
　　　　　電話　03-5411-6440（編集）

発売元　　株式会社 幻冬舎
　　　　　〒151-0051　東京都渋谷区千駄ヶ谷4-9-7
　　　　　電話　03-5411-6222（営業）

印刷・製本　シナジーコミュニケーションズ株式会社
装　丁　　長谷川沙恵

検印廃止

ISBN 978-4-344-93004-9　C2037
幻冬舎メディアコンサルティングＨＰ
http://www.gentosha-mc.com/